AF542904

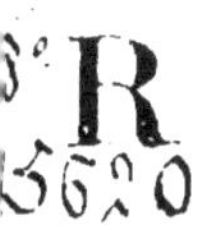

SOCIÉTÉ DE PROTECTION MUTUELLE

DES

VOYAGEURS DE COMMERCE

13, Boulevard de Strasbourg, PARIS

Président : M. V. BONJEAN

ÉTUDE

SUR LES SERVICES PÉCUNIAIRES

ET LA

CAISSE DE RETRAITE,

établie sur la demande du Conseil d'administration

par M. HÉBERT,
Agent général de la Société,

SEPTEMBRE 1898

PARIS
IMPRIMERIE ADOLPHE REIFF
3, RUE DU FOUR, 3

1898

SOCIÉTÉ DE PROTECTION MUTUELLE

DES

VOYAGEURS DE COMMERCE

13, Boulevard de Strasbourg, PARIS

Président : M. V. BONJEAN

ÉTUDE

SUR LES SERVICES PÉCUNIAIRES

ET LA

CAISSE DE RETRAITE,

établie sur la demande du Conseil d'administration

par M. HÉBERT,

Agent général de la Société,

pour servir de renseignements aux divers projets relatifs à l'organisation des « RETRAITES ».

SEPTEMBRE 1898

PARIS
IMPRIMERIE ADOLPHE REIFF
3, RUE DU FOUR, 3

1898

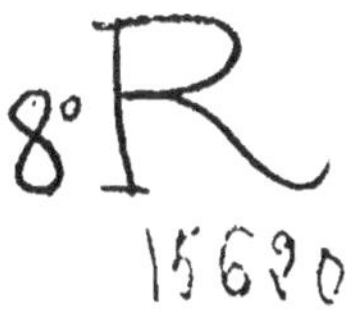

ÉTUDE

SUR

LES SERVICES PÉCUNIAIRES

ET LA CAISSE DE RETRAITE

CHAPITRE PREMIER

Étude sur les services pécuniaires.

Dans une étude préparatoire à l'organisation des « Caisses de Retraites », nous avons démontré la nécessité de procéder, d'abord, à une révision complète des services de la mutualité, afin de les remanier, de les élaguer, si besoin est, pour augmenter la part trop mesquine laissée, par le passé, à la prévoyance collective.

Toute société, pour constituer son budget en équilibre, en recettes et en dépenses, doit mettre ses statuts en harmonie avec les utiles indications que lui fournissent l'analyse et l'étude approfondie de ses ressources et de ses obligations. C'est en appliquant les améliorations que lui révèle la statistique comparée des cotisations et des dépenses de ses membres, qu'une société évite une organisation défectueuse, et arrive à une situation prospère, en sauvegardant les finances sociales du hasard et de l'imprévu.

Ce conseil de prudence, puisé dans les « *Rapports sur les* « *opérations des sociétés de secours mutuels* », doit être la règle de conduite de toute administration, soucieuse de ses devoirs, envers les sociétaires qui lui ont confié la mission de faire fructifier la très modique épargne dont ils attendent, parfois, de chimériques résultats.

La Société de Protection mutuelle des Voyageurs de commerce a pour but, d'après l'article 1er de ses statuts :

« *De venir en aide à ses sociétaires malades, par des indemnités pécuniaires; de leur accorder, en outre, des indemnités en cas d'accidents corporels;*

« *D'accorder des secours aux membres participants atteints de maladies chroniques ou incurables;*

« *De pourvoir aux funérailles des membres participants;*

« *D'attribuer des indemnités de décès aux veuves ou aux enfants des sociétaires décédés sans fortune;*

« *De faciliter le rapatriement des voyageurs, laissés sans ressources par leurs maisons, au cours de leurs tournées;*

« *De constituer une caisse de pensions viagères de retraite, conformément au décret du 26 avril 1856.* »

Nous avons donc à étudier ces cinq chapitres de dépenses; nous les classerons ainsi, d'après leur importance :

1° **Indemnités de maladie;**
2° **Frais de Funérailles;**
3° **Indemnités de décès;**
4° **Indemnités aux incurables;**
5° **Indemnités pour accidents corporels.**

I. — INDEMNITÉS DE MALADIE

Dès l'origine de la Société, l'indemnité de maladie a été fixée à :

8 *fr. par jour pour les* 10 *premiers jours.*
6 — *pour les* 20 *jours suivants.*
5 — *pendant le reste de la maladie et durant une période maximum de* 90 *jours.*

Ce tarif fut appliqué jusqu'au 1er août 1888, époque à laquelle il fut modifié de cette façon :

4 *fr. par jour pour les* 10 *premiers jours.*
8 — *pour les* 10 *jours suivants,*
5 — *pour les* 40 *jours suivants,*
3 — *pendant* 120 *jours ensuite, c'est-à-dire durant une période maximum de* 180 *jours qui ne pouvait, en aucun cas, être dépassée pendant une période de douze mois.*

Ce deuxième tarif fut maintenu jusqu'au 1er mai 1894. A cette époque, il fut remplacé par le suivant :

4 *fr. par jour pendant* 10 *jours*, à partir du sixième jour de la maladie,
8 — *pendant les* 10 *jours suivants,*
5 — *pour les* 40 *jours ensuite,*
3 — *pendant tout le reste de la maladie.*

Ces diverses modifications statutaires embrassent, par conséquent, trois périodes distinctes, dont les résultats doivent être examinés séparément, puisqu'ils sont composés d'éléments différents, comme base du droit à l'indemnité.

La 1re période se compose des exercices 1880 à 1888 (1er août);

La 2e période : du 1er août 1888 au 1er mai 1894;

La 3e période ; du 1er mai 1894 au 20 décembre 1896.

C'est par l'analyse propre à chacune de ces périodes que nous pourrons constater la progression du chapitre « indemnités de maladie » et en déduire le chiffre du passif à inscrire, de ce chef, au Bilan de la Société.

1er PÉRIODE : DU 1er JUILLET 1880 A 1888

EXERCICES 1	Nombre de participants ayants-droit 2	Nombre de malades 3	Journées de maladie 4	Indemnités de maladie 5	Moyenne de malades pour 1000 participants 6	Moyenne par malade 7	Moyenne de journées de maladie 8	Moyenne par tête de participant 9	Observations 10
				francs		fr. c.		fr. c.	
1880	250	11	208	1440	27	131	19	11.50	La moyenne est de 5 fr. 75
1881	589	76	1170	7550	129	99.35	15.4	12.85	pour 6 mois d'exercice.
1882	1053	138	2185	15650	131	113.40	15.8	14.85	
1883	1626	189	3291	22444	116	118.75	17.4	13.80	
1884	1993	283	4984	32742	142	115.70	17.6	16.40	
1885	3053	395	9403	61214	130	155	23.8	20	
1886	3784	576	13868	89516	152	155.40	24	23.60	
1887	8992	679	17621	112907	170	166.25	26	28.80	Le tarif de la 2e période
1888	3900	615	17481	105236	157	171.10	28.4	26.90	a été appliqué le 1 août 1888

2me PÉRIODE : DE 1889 A 1893

EXERCICES 1	Nombre de participants ayants-droit 2	Nombre de malades 3	Journées de maladie 4	Indemnités de maladie 5	Moyenne de malades pour 1000 participants 6	Moyenne par malade 7	Moyenne de journées de maladie 8	Moyenne par tête de participant 9	Observations 10
				francs		fr. c.		fr. c.	Cette période
1889	3805	589	19660	93310	154	158.40	33.4	24.45	s'est continuée jusqu'au
1890	3840	908	23489	116945	236	128.80	25.9	30.40	30 avril 1894, mais les 4
1891	4043	669	21926	106234	165	158.80	32.7	26.25	mois de cette année n'ont
1892	4202	732	22927	111794	174	152.75	31	26.60	pas une influence ap-
1893	4433	804	26493	128771	181	160.15	32.9	29	préciable sur la moyenne.

3me PÉRIODE : DE 1894 A 1897

EXERCICES 1	Nombre de participants ayants-droit 2	Nombre de malades 3	Journées de maladie 4	Indemnités de maladie 5	Moyenne de malades pour 100 participants 6	Moyenne par malade 7	Moyenne de journées de maladie 8	Moyenne par tête de participant 9	Observations 10
				francs		fr. c.		fr. c.	
1894	4673	775	24606	117095	165	151	31.7	25.05	Moyenne de ces 4 années : 25 fr. 30
1895	4900	858	29303	133129	175	155.15	34	27.15	
1896	5108	771	27946	125861	150	163.25	36	24.65	
1897	5331	758	30327	135166	141	178.30	40	25.30	

La colonne 8 indique le nombre moyen de journées de maladie subies par malade ; c'est là le point essentiel de de notre démonstration. De 15 en 1881, le nombre des journées a progressé d'une façon constante, pour arriver à 40 en 1897, alors que le droit à l'indemnité ne commence que le sixième jour de la maladie ; la moyenne réelle est donc de 45 journées en 1897, c'est-à-dire trois fois plus qu'en 1881.

Cette progression se maintiendra-t-elle?

Assurément, puisque chaque année ajoute un contingent progressif de risques sur la tête de tous les sociétaires ; elle ne s'arrêtera qu'au moment où s'établira un nivellement, causé par l'afflux d'un sang jeune et nouveau, dans une proportion équivalente à l'accroissement de la morbidité chez les anciens sociétaires. L'exercice du droit à la retraite, en faisant cesser le droit aux indemnités de maladie, pour les sociétaires les plus âgés et par conséquent les plus enclins aux longues atteintes, amènera aussi, plus rapidement, la limite de cette progression. Aussi pouvons-nous supputer comme probable, l'augmentation jusqu'en 1906 environ, du nombre moyen de journées de maladie, ce qui produira 60 journées effectives, réduites à 55 par le non-paiement des cinq premiers jours. Voici d'ailleurs la progression arithmétique :

	en 1881 :	15 journées par malade.		
8 ans après :	en 1889 :	30	—	—
8 ans après :	en 1897 :	45	—	—
8 ans après :	en 1905 :	60	—	—

Ce point établi, il y a lieu d'examiner si le nombre des malades demeure soumis lui-même aux lois de la progression, et dans quelle mesure.

Dans les sociétés approuvées, le nombre des malades a été, en 1895, de 180.582 pour 517.435 sociétaires, ce qui donne une moyenne de 34.90 pour 0/0.

Le tableau suivant reproduit, depuis l'année 1866, la proportion des malades pour 100 sociétaires participants, hommes, dans les sociétés approuvées :

ANNÉES	Proportion de malades pour 100 sociétaires	ANNÉES	Proportion de malades pour 100 sociétaires
1886	25.66	1891	32.87
1887	25.50	1892	33.27
1888	25.72	1893	33.18
1889	28.25	1894	32.38
1890	36.67	1895	34.90

La proportion des malades pour 100 participants a été, pendant la même période, dans la Société de protection mutuelle des voyageurs de commerce, selon le tableau suivant :

ANNÉES	Nombre de participants ayants-droit	Nombre de malades	Proportion pour 100 sociétaires	ANNÉES	Nombre de participants ayants-droit	Nombre de malades	Proportion pour 100 sociétaires
1886	3784	576	15.20	1891	4043	669	16.50
1887	3992	679	17	1892	4202	732	17.40
1888	3900	615	15 70	1893	4433	804	18.18
1889	3805	589	15.40	1894	4673	775	16.58
1890	3840	908	23.60	1895	4900	858	17.50

Si l'on rapproche les moyennes fournies par ces deux tableaux, on est certainement frappé de la différence énorme qui existe entr'elles. Nul cependant n'oserait prétendre que la morbidité soit aussi notoirement inférieure dans la corporation voyageuse; la faiblesse de ces moyennes est due, plutôt, à l'abnégation d'une partie des sociétaires, qui ne réclament pas d'indemnité, pour des maladies de peu de durée.

Mais il serait imprudent de faire entrer, en ligne de compte, un esprit d'abnégation qui, d'ailleurs, ira toujours s'affaiblissant, car, avec l'âge, les facultés productrices diminuent, les atteintes morbides deviennent plus fréquentes et, il faut bien le dire, souvent l'égoïsme nait.

On pourrait objecter, peut-être, de la bonne constitution exigée des jeunes voyageurs de commerce, débutants dans la carrière; mais on devrait convenir, aussi, que le *modus vivendi* professionnel est la source de nombreuses affections de l'estomac et des voies respiratoires, en outre des rhumatismes causés par les intempéries et par la défectuosité des véhicules sur les voies ferrées.

Somme toute, abstraction faite des fluctuations du nombre des malades, de 1886 à 1895, l'écart le plus sensible, de cette période décennale, est de 15 à 23. L'on peut prévoir une semblable différence entre 1895 et 1905, et l'on aura ainsi pour moyenne, à cette époque : 25.50 pour 0/0, chiffre qui n'est nullement exagéré, et qui correspond d'ailleurs exactement au minimum de la proportion des malades, dans les sociétés approuvées.

Nous avons, par conséquent, deux causes certaines d'augmentation du chapitre « INDEMNITÉS DE MALADIE ». Ces causes sont :

a) *La progression du nombre de journées par malade ;*
b) *L'accroissement du nombre des malades.*

La combinaison de ces deux éléments produit la formule suivante :

$$a)\ 40 : 15 :: 100 : x ;\ \text{d'où}\ x = 37.50$$

$$\frac{37.50}{100} \times \frac{25.50}{100} = 9.56\ \%$$

$$b)\ 25.50 - 17.50 = 8\ \%$$

Total....... 17.56 p. %.

en augmentation du chapitre de dépenses intitulé « *Indemnités de maladies* ».

La spécialisation des indemnités pécuniaires nous a donné, comme moyenne d'indemnité de maladie, par tête de participant, pour les cinq années de 1892 à 1896, la somme de 26 fr. 45. En y ajoutant 17.56 0/0, soit 4 fr. 65, l'on obtient comme moyenne probable, en 1906, pour l'indemnité de maladie seulement :

26 fr. 45 + 4 fr. 65 = 31 fr. 10 par participant.

Il va sans dire que notre argumentation, basée en partie sur des probabilités, ne saurait imposer cette conclusion comme résultat absolu. La maladie elle-même, esclave de la capricieuse nature, est soumise à une telle variabilité, qu'il faudrait plus d'un demi-siècle d'observations, pour créer une « *table de morbidité* » propre à notre seule association. Nous croyons avoir démontré suffisamment la nécessité de prévoir une augmentation des dépenses, pour le service des indemnités de maladie ; la proportion de cette augmentation peut varier, mais le principe, du moins, n'en sera pas contesté ; notre but sera ainsi atteint.

Nous nous proposons d'examiner, dans un second chapitre, quels seraient les palliatifs à apporter à une semblable situation.

II. — FRAIS DE FUNÉRAILLES

Dès son origine, la Société s'est engagée à pourvoir aux frais de funérailles des membres participants, dans une limite qui ne peut dépasser 300 fr.

Tableau des dépenses et moyennes diverses des frais de Funérailles.

ANNÉES	Nombre de participants ayants droit	Nombre de décès	Moyenne pour 1000	Sommes payées pour funérailles	Moyenne par décès	Moyenne par participant	Moyenne des décès pour 1000 dans les Sociétés approuvées
				fr.	fr.	fr.	
1881	589	2	3. 4	308.70	154.35	0.52	
1882	1053	7	6.65	787.10	112.45	0.75	
1883	1626	11	6. 7	2019.50	183.55	1.25	
1884	1993	22	11	2724.80	123.80	1.36	
1885	3053	26	8. 5	5289.95	203.40	1.73	
1886	3784	47	12. 4	6883.05	167.85	1.80	16.20
1887	3992	52	13	10314.75	198.35	2.55	16
1888	3900	51	13	10550.20	206.85	2.70	16.40
1889	3805	50	13	11031.10	220 60	2.90	14.90
1890	3840	52	13. 5	10839.10	208.45	2.80	16.40
1891	4043	59	14. 5	11999.85	203.40	2.95	17.20
1892	4202	63	14. 5	13054.55	207.20	3.10	16.50
1893	4433	57	12. 2	12999.75	228	2.95	16.60
1894	4673	47	10	12495.40	265.85	2.70	17.30
1895	4900	69	14	16211.75	235	3.30	18
1896	5108	73	14. 3	20839.90	285.50	4.05	
1897	5331	68	12. 7	18063.80	265.60	3.40	

Pendant les cinq dernières années, les décès se sont produits, par périodes quinquennales d'âge, de la façon suivante :

ANNÉES	au dessous de 25 ans	de 25 à 29 ans	de 30 à 34 ans	de 35 à 39 ans	de 40 à 44 ans	de 45 à 49 ans	de 50 à 54 ans	de 55 à 59 ans	de 60 à 64 ans	de 65 ans et au dessus
1893	1	7	10	16	5	10	5	2	1	»
1894	2	3	7	11	8	6	4	2	4	»
1895	3	5	9	12	10	11	8	5	2	4
1896	3	4	5	13	11	18	8	5	5	1
1897	4	10	6	8	14	14	5	2	2	3
Totaux	13	29	37	60	48	59	30	16	14	8

Nous ne pouvons pas établir de moyennes absolues; comme pour les maladies, il faudrait une longue période d'observations, avant d'obtenir des approximations certaines. Nous voulons cependant donner une décomposition exacte du nombre des sociétaires participants, par âge, à deux époques différentes : fin 1893 et fin 1897. L'on pourra ainsi, et par simple curiosité, faire le rapprochement de ces deux tableaux.

ÉPOQUES	au dessous de 25 ans	de 25 à 29 ans	de 30 à 34 ans	de 35 à 39 ans	de 40 à 44 ans	de 45 à 49 ans	de 50 à 54 ans	de 55 à 59 ans	de 60 à 64 ans	de 65 ans et au dessus
fin 1893	199	811	1009	992	745	525	260	95	52	20
fin 1897	138	668	1126	1133	985	725	428	210	75	55

S'ils ne nous servent pas à préciser des moyennes, ces chiffres prouvent du moins qu'il est nécessaire de prévoir une moyenne pour 1.000 plus élevée, car le nombre des décès, de 30 à 60 ans, n'est pas en rapport avec les données des tables de mortalité. Du reste, l'on considère généralement, dans un ensemble de *têtes de choix*, tel que la Société de protection mutuelle, la moyenne de mortalité annuelle comme étant de 18 pour 1.000. C'est la moyenne acquise dans les sociétés approuvées, c'est aussi celle qui sera probablement obtenue par nous en 1906.

Le maximum fixé pour frais de funérailles est de 300 fr. Nous remarquons la tendance à atteindre cette limite ; déjà, en 1896, la moyenne a été de 285 fr. 50 par décès. Plus nous allons, plus les sociétaires renseignent leurs familles sur l'étendue de leurs droits, et plus celles-ci augmentent leurs exigences dans le choix de la classe des pompes funèbres. D'ailleurs, lorsqu'il s'agit d'une évaluation budgétaire, n'est-il pas prudent de tabler sur le maximum ? Tant mieux s'il n'est pas atteint ; la collectivité n'aura qu'à s'en féliciter.

Voici donc la prévision du chapitre « *Frais de Funérailles* » :

$$\frac{18 \times 300}{1,000} = 5 \text{ fr. } 40 \text{ par participant.}$$

III. — INDEMNITÉ DE DÉCÈS

L'article 50 des statuts primitifs, autorisés le 21 octobre 1879, était ainsi conçu :

« *Le Conseil d'administration déterminera s'il y a lieu et dans quelle mesure les ressources de la Société lui permettront de venir en aide à la veuve et aux enfants d'un sociétaire décédé. Il en sera de même pour les père et mère âgés, ou infirmes, dont il serait le soutien* ».

L'article 37 des mêmes statuts disait :

« *Lorsque la Société viendra à perdre un de ses membres*

participants, chaque sociétaire, les membres honoraires perpétuels exceptés, sera imposé de un franc, sans toutefois que cette contribution puisse excéder dix francs par année. »

La cotisation était, pour les participants, de 24 fr. par an. Les quittances de cotisation étaient augmentées des droits mortuaires qui s'élevèrent à 1 fr. en 1881, 7 fr. en 1882, 5 fr. en 1883, 13 fr. en 1884, 10 fr. en 1885 et 10 fr. en 1886.

Lorsqu'à la suite d'un décès, une demande de secours était formulée par la famille, le Conseil en était saisi et procédait d'abord à une enquête, ensuite de laquelle diverses propositions étaient émises. L'importance du secours était essentiellement variable et subordonnée, non seulement à la situation de la veuve, des enfants ou des ascendants, mais surtout à la façon dont l'enquête avait été faite et était présentée au conseil.

De là, dans la répartition des secours, des inégalités choquantes, qui provoquèrent des projets de changements aux statuts. L'Assemblée générale de juillet 1886 accueillit ces projets ; les droits mortuaires furent supprimés ; la cotisation fut portée à 36 fr. et les secours aux veuves, de purement facultatifs qu'ils étaient, furent érigés en droit par l'article 54, ainsi conçu :

« Art. 54. — *Indépendamment des frais de funérailles, les veuves ou les enfants, âgés de moins de 15 ans, ou les père et mère, âgés ou infirmes, d'un sociétaire décédé, ont droit, sur leur demande, à une indemnité de décès ainsi fixée :*

100 fr.	*si le sociétaire a été*	*membre*	*participant au moins*	2 *ans,*
150	—	—	—	3 —
200	—	—	—	4 —
250	—	—	—	5 —
300	—	—	—	6 —
300	—	—	—	7 —
400	—	—	—	8 —
450	—	—	—	9 —
500	—	—	—	10 —
				et plus.

« *Les intéressés qui n'auront pas fait leur demande dans le délai d'un mois après le décès du sociétaire, perdront leurs droits à cette indemnité* ».

Ce tarif commença à être appliqué le 1er janvier 1887 ; il fut mis en vigueur jusqu'au 30 avril 1894, époque à laquelle des modifications y furent apportées, après avoir été délibérées en Assemblée générale du 3 janvier 1894 et soumises au vote des membres absents par le « *referendum* » qu'impose l'article 58 du règlement général.

Voici quelles sont les modifications apportées au tarif :

Règlement général : Art. 45. *Indépendamment des frais de funérailles, la veuve ou les enfants âgés de moins de 15 ans, ou les ascendants septuagénaires ou infirmes d'un sociétaire, qui était leur unique soutien, reçoivent, sur leur demande, une indemnité de décès ainsi fixée :*

Fr.				
100	*si le sociétaire a été*	*membre participant*	*au moins*	4 *ans,*
150	—	—	—	5 —
200	—	—	—	6 —
250	—	—	—	7 —
300	—	—	—	8 —
350	—	—	—	9 —
400	—	—	—	10 —
450	—	—	—	11 —
500	—	—	—	12 —
550	—	—	—	13 —
600	—	—	—	14 —
700	—	—	—	15 —
				et plus.

Les intéressés, qui ne font pas leur demande dans le délai d'un mois après le décès du sociétaire, ne sont plus admis à réclamer cette indemnité.

Pas plus en 1894 qu'en 1887, il ne fut question, dans les discussions du Conseil, ni dans les délibérations de l'Assemblée générale, de prévoir ou de créer des recettes spéciales pour ce chapitre. L'importance, toute relative cependant, des excédents annuels, projetait une sorte de mirage, une illusion de prospérité, à laquelle on se laissait aller d'autant plus allègrement, que l'on était certain d'obtenir le vote de l'Assemblée générale, ratifiant toujours l'extension des avantages accordés aux membres participants.

Nous avons, comme pour les « Indemnités de maladies » trois périodes distinctes pour le chapitre qui nous occupe.

1re PÉRIODE : SECOURS AUX VEUVES

ANNÉES	Montant des sommes payées	Nombre de veuves secourues	Nombre de participants	Moyenne par veuve	Moyenne par participant	MOYENNE QUINQUENNALE
	fr. c.			fr. c.	fr. c.	
1882	185.65	1	1053	185.65	0.18	
1883	350	2	1626	175	0.22	0,44
1884	800	3	1993	266.66	0.40	par tête
1885	1720	11	3053	156.30	0.56	de participant
1886	3100	8	3784	387.50	0.82	

2e PÉRIODE : INDEMNITÉS DE DÉCÈS

ANNÉES	Montant des sommes payées	Nombre de veuves secourues	Nombre de participants	Moyenne par veuve	Moyenne par participant	MOYENNE SEPTENNALE
	francs			fr. c.	fr. c.	
1887	4153	26	3992	159.75	1.05	
1888	4350	22	3800	197.70	1.10	Moyenne
1889	7200	35	3805	205.70	1.90	de la période :
1890	7150	29	3840	246.50	1.90	2 fr. 30
1891	10950	36	4043	304.10	2.70	par participant
1892	12400	39	4202	318	2.95	
1893	15500	43	4433	360.50	3.50	

3e PÉRIODE : TARIF ACTUEL D'INDEMNITÉ DE DÉCÈS

ANNÉES	Montant des sommes payées	Nombre de veuves secourues	Nombre de participants	Moyenne par veuve	Moyenne par participant	MOYENNE DE LA PÉRIODE
	francs			fr. c.	fr. c.	
1894	10.250	28	4673	366	2.15	3.05 par participant
1895	16.500	43	4900	383.75	3.40	
1896	16.900	38	5108	444.70	3.40	
1897	17.050	38	5331	448.70	3.20	

Voilà pour le passé : augmentation progressive et constante du chiffre d'indemnité de décès. Que faut-il en présager pour l'avenir?

Il est plus facile de préciser ce chapitre que celui des indemnités de maladie. Ici, nous avons des données formelles, tandis que la maladie, on ne saurait trop le répéter, est soumise à des variations qui confondent toutes les statistiques et ne peuvent être appréciées, exactement, que sur de longues périodes. Nous pouvons indiquer, d'emblée, le nombre de sociétaires dont les veuves, les orphelins ou les ascendants auraient droit aux indemnités de décès, ainsi que le quantum de ce droit.

Il est même particulièrement intéressant de fixer, dès maintenant, l'importance des *risques* assurés par la société, sous la dénomination d'*Indemnités de décès*, et qui constituent parfaitement une véritable assurance en cas de décès.

Etablissons l'inventaire de ces risques au 1er janvier 1898.

Sociétaires entrés en	1897—500	n'ont encore aucun droit.		
—	1896—480			
—	1895—478			
—	1894—427			
—	1893—402	ayant droit en cas de décès à	100	40.200
—	1892—366	—	150	54.900
—	1891—272	—	200	54.400
—	1890— 81	—	250	20.250
		A Reporter		169.750

			Report	169.750
Sociétaires entrés en	1889—330	ayant droit en cas de décès à	300	99.000
—	1888—227	—	350	79.450
—	1887—230	—	400	92.000
—	1886—366	—	450	164.700
—	1885—429	—	500	212.500
—	1884—387	—	550	212.850
—	1883—206	—	600	123.600
—	1882—136	—	362 à 700	253.400
—	1881—123	—		
—	1880— 63	—		
—	1879— 40	—		
		Total des capitaux assurés, au 1er janvier 1898 :		1.407.250

Un million quatre cent sept mille deux cent cinquante francs!

Ces chiffres sont-ils suffisamment démonstratifs?

Que prouvent-ils? — Que l'indemnité de décès, telle qu'elle est établie, c'est la pierre d'achoppement des budgets futurs; c'est le gouffre béant, dans lequel s'engloutiront les ressources à venir, les excédents d'abord et les recettes annuelles ensuite, à moins qu'au mal signalé l'on n'apporte un remède énergique et prompt. C'est, d'ailleurs, ce que nous examinerons dans un chapitre suivant. Bornons-nous, pour le moment, à établir les prévisions de cette dépense jusqu'en 1906, puisque nous avons déjà pris même époque pour point de repère de nos évaluations.

Quel concert d'objections de toutes parts! Eh quoi! vous portez comme passif, au bilan de la Société, des sommes qui ne deviendront exigibles qu'à des termes très éloignés, et pour le payement desquelles les recettes annuelles seront là! Et puis, vous comptez tous les sociétaires participants, même ceux qui ne sont pas mariés, ceux qui n'ont plus d'ascendants, et aussi ceux qui n'ont pas d'enfant ou en ont de plus de 15 ans, etc., etc....

Nous répondons à cela : ce n'est pas un inventaire de fin d'exercice que nous cherchons à établir. Nous essayons de puiser, dans les données actuelles, des évaluations d'avenir.

Ce que nous ne ferons pas nous-même, le temps se chargera de l'établir sûrement. Nous ne prétendons pas fixer des lois précises, parmi des éléments divers ; nous voulons seulement montrer un péril : puissions-nous nous faire comprendre : c'est notre seul désir !

D'ailleurs, ceux qui ne sont pas mariés peuvent le devenir ; leur droit est subordonné à leur propre volonté ; la Société doit prévoir et réserver le droit, à tous sans distinction.

Mouvement probable de l'effectif de 1898 à fin de 1905.

ENTRÉS au 1er Janvier	RÉDUCTION ANNUELLE DE 5 % POUR DISPARITIONS. *Situations au 1er Janvier des années.*								
ANNÉES	1898	1899	1900	1901	1902	1903	1904	1905	1906
1880	40	38	36	34	32	30	28	26	24
1881	63	60	57	54	51	48	45	42	39
1882	123	117	111	105	100	95	90	85	81
1883	136	129	123	117	111	105	100	95	90
1884	206	196	186	177	168	160	152	144	137
1885	387	367	348	331	314	297	282	268	255
1886	429	408	386	367	349	332	316	300	285
1887	366	348	329	313	297	282	238	255	242
1888	230	218	207	197	187	178	169	160	152
1889	227	216	204	194	184	175	166	158	150
1890	330	314	297	282	268	255	242	230	218
1891	81	77	73	69	66	63	60	57	54
1892	272	258	245	233	221	210	200	190	180
1893	366	348	329	313	297	282	268	254	241
1894	402	382	362	344	327	311	196	186	177
1895	427	406	384	365	347	330	313	298	283
1896	478	454	430	409	389	370	351	333	316
1897	480	456	432	410	390	370	351	333	316
1898	500	475	451	428	407	287	273	259	246
1899	»	500	475	451	428	408	388	368	350
1900	»	»	500	475	451	428	407	387	368
1901	»	»	»	500	475	451	428	407	387
1902	»	»	»	»	»	500	451	428	407

1727

D'après le tableau précédent, nous aurons au 1er Janvier 1906 :

1727	sociétaires de plus de	15 ans de sociétariat	ayant droit à	700	=	1.208.900
180	—	14	—	600	=	108;000
241	—	13	—	550	=	132.550
177	—	12	—	500	=	88.500
283	—	11	—	450	=	127.350
316	—	10	—	400	=	126.400
316	—	9	—	350	=	110.600
246	—	8	—	300	=	73.800
350	—	7	—	250	=	87.500
368	—	6	—	200	=	73.600
387	—	5	—	150	=	58.050
407	—	4	—	100	=	40.700
	Total des capitaux assurés, au 1er Janvier 1906					2.235.950

Il s'agit de déterminer, maintenant, les risques de mortalité, afin d'en déduire le chiffre des « *Indemnités de Décès* » à payer en 1906.

Voici les nombres donnés par diverses tables de mortalité récentes.

	MOYENNE ANNUELLE DE LA MORTALITÉ POUR 1000 TÊTES.					
	de 20 à 30 ans	de 30 à 40 ans	de 40 à 50 ans	de 50 à 60 ans	de 60 à 70 ans	de 70 à 80 ans
Table C R de la Caisse des retraites	7.19	7.32	9,89	17 5	31	60
Table A F des Compagnies françaises	6. 4	7. 7	11. 6	20	37	65
Table des 23 Compagnies allemandes	»	»	13	22	38	67
Table Hm des 20 Compagnies anglais.	6. 6	8. 5	11	19	35	65
Table des pensionnaires civils de l'Etat	»	»	14	26	36	63

(Moyenne 35, en accolade sur la colonne de 60 à 70 ans.)

Au 1er Janvier 1898, nous avions

138	participants âgés	de moins de 25 ans.	
668	— —	de 25 à 30	—
1.126	— —	de 30 à 35	—
1.133	— —	de 35 à 40	—
985	— —	de 40 à 45	—
725	— —	de 45 à 50	—
428	— —	de 50 à 55	—
210	— —	de 55 à 60	—
130	— —	de 60 et au dessus.	
Total 5.543	dont l'âge moyen est d'environ 38 ans.		

Nous venons de voir qu'il restera, en 1906, un nombre de 1727 participants, ayant plus de 15 années de sociétariat, et dont une certaine partie aura dépassé l'âge de 60 ans. En prenant, pour base, la moyenne de la mortalité à 60 ans, nous nous approcherons, aussi sensiblement que possible, de la réalité.

La moyenne des cinq tables précitées donne un minimum de 35 décès par 1.000, à partir de 60 ans.

En prenant comme base le maintien du chiffre de l'effectif, malgré l'augmentation certaine et continue, nous aurons,

sur 1.727 à raison de 35 ‰ . . . . . 60 décès
sur le surplus, soit 3.816 à 13,70 ‰. 52 —
total sur 5.543. . . . . 112 —

dont 60 créant le droit à l'indemnité de décès de 700 fr. ci	42.000 fr.
— 52 créant le droit à l'indemnité moyenne de 350 fr. ci.	18.200 fr.
112 décès, imposant à la société une dépense de:	60.200 fr.

D'après les moyennes des années dernières, on peut évaluer à 40 % le nombre des participants qui ne sont ni mariés, ni veufs avec enfants, enfin qui ne laissent pas d'ayants-droit à l'indemnité. Par suite il y a lieu de prévoir comme indemnité de décès, en 1906, à raison de 60 %, soit. . . . . 36.120 fr.

Le montant de l'indemnité de décès, qui était de 17.050 en 1897, aura certainement plus que doublé en 1906.

La moyenne de ce chapitre, par participant, étant de 3 fr. 20 en 1897, atteindra, par conséquent, 6 fr. 40 en 1906. Et cette moyenne ira encore en augmentant, pendant au moins vingt ans, avant que le niveau soit atteint pour cette catégorie de risques.

IV. — INDEMNITÉ D'INCURABLE

L'article 47 des statuts primitifs était ainsi conçu :

« Art. 47. *Si, au bout d'un délai de trois mois, sur l'avis du médecin délégué à cet effet, il est reconnu que la maladie est passée à l'état chronique ou incurable, la société se réserve de faire admettre le sociétaire, se trouvant dans ces conditions, dans une maison de santé ou un établissement hospitalier. En ce cas, l'indemnité quotidienne serait supprimée.* »

Une assemblée générale extraordinaire du 27 mars 1883 apporta des modifications à cet article, qui devint l'art. 48 sous le texte suivant :

« Art. 48. *Lorsque, sur l'avis d'un médecin délégué à cet effet, la maladie est reconnue chronique ou incurable, le conseil d'administration peut allouer une* « PENSION » *au sociétaire privé de moyens suffisants d'existence.*

« *Cette pension peut être diminuée ou supprimée lorsque les circonstances qui l'avaient motivée viennent à changer.*

« *Dans le cas où le sociétaire préférerait entrer dans un*

établissement hospitalier, le Conseil devrait prendre les mesures nécessaires pour lui en faciliter l'accès et lui en adoucir le séjour. »

Les statuts soumis à l'approbation ministérielle du 25 juillet 1889 contiennent une simple modification de forme. Au mot « *pension* » ont été substitués ceux-ci : « *indemnité temporaire et renouvelable.* »

Le dernier paragraphe fut modifié ainsi qu'il suit, le 29 mars 1894.

« *Toutefois, le sociétaire ne pourra être l'objet de cette mesure qu'après avoir reçu au moins 180 jours d'indemnité de maladie. Exception faite dans le cas où son état nécessiterait son entrée dans une maison hospitalière, dont le conseil devrait lui faciliter l'accès ou lui adoucir le séjour.* »

Sous l'empire de ces diverses dispositions, le service des « indemnités d'incurables » commença à fonctionner en 1884 ; voici les résultats de l'application de ce règlement :

ANNÉES	Nombre de participants ayants-droit	Nombre d'incurables reconnus	Nombre d'incurables secourus	Montant des secours payés	Moyenne par incurable	Moyenne par participant	Observations
				fr.	fr.	fr.	
1884	1993	2	2	420	210	0.21	Le Conseil alloue les indemnités après enquête sur la situation de famille et les ressources. Ces indemnités varient de 5 à 30 fr. par mois.
1885	3053	6	6	880.55	146.75	0.29	
1886	3784	13	13	2514.55	193	0.67	
1887	3992	17	17	2745	161	0.68	
1888	3900	20	18	3450	191	0.88	
1889	3805	26	24	3740	155	0.90	
1880	3840	29	25	4505.50	180.20	1.17	
1891	4043	30	26	3903	150	0.97	
1892	4202	31	27	4147	153.60	0.98	
1843	4433	34	29	5413	186.65	1.22	
1894	4673	34	29	5378	185.50	1.15	
1895	4900	34	28	5083	181.50	1.05	
1896	5108	35	30	5594.50	186.45	1.10	
1897	5331	40	34	6424.80	188.80	1.25	

Lorsque le sociétaire touche une pension d'incurable, il est dispensé de toute cotisation, mais il n'a plus droit à aucune indemnité de maladie. En cas de décès, la société paye les frais de funérailles, mais l'indemnité de décès se limite au temps pendant lequel la cotisation a été payée.

Ce chapitre de dépenses, comme celui des indemnités de maladie, est essentiellement variable par le nombre de sociétaires atteints d'affections chroniques ou incurables. Pour cette raison, il nous semblerait puéril d'essayer de déduire par les chiffres du passé, les probabilités de l'avenir. Tout ce que l'on peut faire, c'est de prévoir, comme par le passé, une augmentation constante et moyenne de 10 centimes par tête et par an, jusqu'en 1906, ce qui nous donnera 1.25 + (0.10 × 8 = 0 fr. 80) = 2.05 par tête.

V. — INDEMNITÉ POUR ACCIDENT CORPOREL

Ce chapitre des dépenses n'avait pas été prévu dans les statuts primitifs. Il a été créé par l'assemblée générale du 23 mars 1883 et a été autorisé par arrêté du préfet de police du 25 mai 1883. Il était ainsi conçu :

« Art. 50. *En cas d'accidents corporels, résultant d'une cause extérieure, tout sociétaire a droit à une indemnité fixée comme suit :*

« 1° : 1.200 *francs en cas d'accident déterminant la mort, la perte de la vue ou l'incapacité de travail, totale et permanente ;*

« 2° : 600 *francs en cas d'accident entraînant une incapacité de travail, partielle et permanente ;*

« 3° : 300 *francs en cas d'accident entraînant une incapacité de travail partielle et temporaire.*

« *Ces indemnités ne se confondent pas avec celles prévues au précédent chapitre.* »

« Art. 51. *Sauf le cas de mort, la demande d'indemnité doit être formulée dans les conditions stipulées à l'art. 45 pour la maladie* ».

« Art. 52. — *En cas d'accident déterminant la mort, l'indemnité allouée est remise soit à la veuve du sociétaire, soit à ses enfants et ascendants directs, frères ou sœurs, dont il était le soutien* ».

Par arrêté préfectoral du 4 août 1886, ces divers articles furent modifiés et ils ont été conservés depuis, dans leur intégralité ; en voici le texte :

Art. 42. — *En cas d'accident corporel, résultant d'une cause extérieure, violente et involontaire, directe, n'étant pas la conséquence d'une maladie antérieure, tout sociétaire a droit à une indemnité fixée comme suit :*

« 1° : 1.200 *francs en cas d'accidents déterminant la mort, la perte de la vue ou toute autre infirmité de nature à occasionner l'incapacité de travail totale ou permanente ;*

« 2° : 600 *francs en cas d'accident entrainant une incapacité de travail partielle et permanente, telle qu'elle résulte de la perte d'un bras, d'une jambe, d'un œil ou de toute autre infirmité de nature équivalente ;*

« 3° : 300 *francs en cas d'accident entrainant une incapacité de travail partielle ou temporaire, et causant à la victime une détérioration physique, telle que : la perte d'un ou deux doigts de la main ou du pied, fracture d'un membre, fracture d'une ou plusieurs côtes ou toute autre infirmité de nature équivalente, laissant des traces après guérison, ce qui doit être constaté par un certificat spécial. Toutefois, les indemnités ci-dessus ne sont pas dues pendant toute la durée du service militaire, sauf pendant la période des appels en temps de paix, pour instruction des hommes de la réserve et de l'armée territoriale. Elles sont également suspendues en cas de guerre, d'invasion ou guerre civile. Ces indemnités ne se confondent pas avec celles prévues au précédent chapitre.*

« *Sauf le cas de mort, la demande d'indemnité doit être formulée dans les conditions stipulées à l'article 36* ».

« Art. 43. — *En cas d'accident déterminant la mort, l'indemnité allouée est remise soit à la veuve du sociétaire, soit à ses enfants et ascendants directs, frères ou sœurs, dont il était le soutien* ».

Nous n'avons qu'à reproduire ici, les chiffres que nous avons fournis dans notre « Étude sur la caisse de retraites », pour établir la moyenne des cinq années de 1892 à 1896 et celle de 1897.

En 1892 il a été payé		600 fr.	ensemble 3300 fr.	moyenne des 5 ans : 0 fr. 15 par participant.
— 1893	—	300		
— 1894	—	rien		
— 1895	—	1800		
— 1896	—	600		
— 1897	—	5100	moyenne 0 fr. 95 par participant	

En 1893, une proposition a été faite par une compagnie d'assurances « accidents. » Pour assurer les sommes prévues par nos statuts, la compagnie fixait à 2 francs par tête la prime à payer. En prenant cette somme comme base approximative de nos appréciations, pour 1906, nous pensons rester dans une approximation aussi exacte que possible des prévisions à établir ; d'ailleurs, comme pour « l'indemnité d'incurables » nous sommes soumis, en cela, au hasard des événements ; en admettant le doublement de la moyenne obtenue à ce jour, nous restons dans la limite des probabilités.

Soit, pour le chapitre « accidents », qui était de 0 fr. 95 par tête en 1897, à prévoir un chiffre de : 1 fr. 90 en 1906.

RÉCAPITULATION

COMPARAISON DES SERVICES PÉCUNIAIRES ENTRE 1897 ET 1906

	en 1897	en 1906
	—	—
Indemnités de maladie.	25.30	31.10
Frais de funérailles.	3.40	5.40
Indemnités de décès.	3.20	6.40
Indemnités aux incurables . . .	1.25	2.05
Indemnités d'accidents corporels .	0.95	1.90
Totaux :. . . .	34.10	46.85

$$46,85 - 34,10 = 12,75 ;$$
$$34,10 : 12,75 : : 100 : x ; \quad x = 37,38$$

d'où une augmentation de 37.38 0/0 sur les chiffres de 1897, inférieure à l'augmentation moyenne des deux dernières périodes de huit ans.

BILAN AU 1ER JANVIER 1898

Après avoir analysé les divers services pécuniaires de la société, il nous paraît utile d'établir la situation financière au 1er janvier 1898. Il faut, pour cela, déterminer la valeur actuelle des cotisations à recevoir des membres participants existant à cette époque, ainsi que la valeur des obligations contractées envers eux par la société, d'après les statuts et règlements qui la régissent.

L'actif se compose :

1° Du montant de l'avoir social au 31 décembre 1897 ;

2° De la valeur des cotisations, escomptées à 4 1/2 0/0, à la même époque.

Nous avons adopté le taux de 4 1/2 pour calculer la valeur actuelle des cotisations, ainsi que pour calculer la valeur actuelle des obligations sociales, parce que la société est tenue de déposer ses fonds à la caisse des dépôts et consignations, au taux de faveur de 4 1/2 0/0 que rapporte son capital actuel.

Le passif comprend : la valeur des indemnités de maladie, des frais de funérailles, des indemnités de décès, d'incurables, d'accidents corporels, et la valeur des pensions dues par la société à partir de 1900, selon le chapitre XIII du règlement général.

La balance, entre l'actif et le passif, sera la caractéristique de la situation financière et, par suite, deviendra la boussole indicatrice des réformes à accomplir, en cas de déficit, ou des avantages à accroître, si la situation se présente comme satisfaisante.

En entreprenant ce travail, nous ne nous faisons aucune illusion sur les difficultés à vaincre et sur l'aridité du problème à résoudre. Nous n'avons pas la prétention d'imposer notre système, qui cependant est très rationnel ; mais nous y mettons tant d'efforts de bonne volonté que nous arriverons, certainement, à un résultat aussi approximatif que possible.

Certes, s'il s'agissait d'établir le bilan d'une compagnie d'assurances, basé uniquement sur des probabilités, il faudrait d'autres procédés d'investigation ; il faudrait établir d'abord des tables de mortalité, de morbidité, etc..., de façon à définir les lois de disparition des assurés. A défaut de ces tables, dont la formation serait excessivement longue, nous prenons pour loi unique et fondamentale de nos calculs, la disparition de 6 pour 100 des membres participants pendant les cinq premières années, et de 5 pour 100 jusqu'à l'extinction du contingent. Cette loi de disparition résulte de l'expérience des sept dernières années, démontrée dans le tableau qui termine notre petit opuscule, intitulé : *Étude sur la caisse de retraite.* Elle comprend toutes les causes déterminantes de la radiabilité : démissions, exclusions, décès, etc... ; en outre, elle se combine avec une autre cause de quasi-radiabilité, prévue par les statuts : la jouissance de la pension de retraite, qui entraînera la dispense de cotiser et supprimera les droits aux avantages pécuniaires. Nous nous sommes, du moins, basé sur cette interprétation des statuts, pour établir nos tableaux de radiabilité, sur lesquels repose notre système tout entier. Cependant il y aura lieu de conserver le droit aux frais de funérailles, pour les sociétaires retraités : mais les indemnités de maladie et de décès seront suspendues de plein droit, ainsi que cela était spécifié dans les statuts et règlements primitifs.

Nous avons examiné attentivement deux chapitres que l'on pourrait voir figurer, l'un à l'actif : les cotisations des membres honoraires ; l'autre au passif : les dépenses pour frais généraux, frais de gestion, dépenses diverses. Leur comparaison, pendant les cinq dernières années, nous a fait renoncer à en tenir compte dans notre bilan, pour plusieurs motifs. D'abord, ils sont à peu près équivalents et ne modifieraient nos évaluations que d'une quantité négligeable ; en second lieu, les libéralités des membres honoraires sont destinées à l'ensemble des membres participants, existant dans l'exercice où elles sont faites, et non point seulement aux anciens, admis avant l'année 1898, qui ont profité des libéralités faites jusqu'à cette époque : on peut même affirmer que ces libéralités ont constitué, à elles seules, l'avoir social acquis au 1er janvier dernier. D'autre part, les frais généraux et divers s'appliquent également à l'ensemble des sociétaires. Pour ces motifs, ni ces recettes ni ces dépenses ne paraissent à notre bilan, mais nous y ferons cependant figurer une somme de 10,000 fr., accordée par l'État en 1898, comme subvention en raison du versement effectué en 1897, à la caisse de retraites.

Pour déterminer la valeur actuelle des indemnités de maladie, nous avons établi la moyenne des indemnités reçues par les sociétaires ayant plus d'un an de sociétariat, puisque ceux qui entrent, dans un exercice quelconque, ne jouissent de leurs droits que six mois après ; de là une augmentation de 2 fr. par tête obtenue de cette façon : au lieu de 135.166 fr., il reste 133.402 fr. payés à 4.882 ayants-droit, le surplus, 1.764 fr. ayant été compté aux 512 nouveaux; la moyenne est de 27 fr. 30 au lieu de 25 fr. 30, moyenne d'ensemble.

Nous avons augmenté graduellement cette moyenne, d'après la démonstration établie au chapitre « indemnités de maladie ». Nous donnons nos *sommes à prévoir* comme un minimum, car il est évident que la moyenne ira toujours en augmentant, puisque les sociétaires vieilliront eux-mêmes, sans aucune compensation à cette inéluctable loi de la nature. Quand nos tables de morbidité seront établies, nous déterminerons des approximations certaines et non un simple minimum d'évaluation; mais en ce moment il ne nous est pas possible de faire mieux.

Quant aux évaluations de la « pension de retraite » nous avons pris pour base, le tiers seulement du nombre des ayants-droit, remplissant les conditions d'âge et de durée de sociétariat, et nous avons attribué, à chacun d'eux, le triple du minimum légal prévu, c'est-à-dire 90 francs de pension annuelle. Au lieu de suivre, pour les paiements, la loi de mortalité générale, à défaut de la table spéciale que nous établirons plus tard, nous avons admis le règlement à capital aliéné, d'après le barème de la caisse de retraites pour la vieillesse, ce qui constitue, pour chacun de nos pensionnés, une dépense en capital de 1.118 francs. Nous ne saurions avoir la prétention de faire mieux que la caisse de l'État. En tablant sur ses propres chiffres, nous devons être dans la vérité, ou bien, alors, il n'y aurait plus de sincérité nulle part. L'État ne doit pas réaliser de bénéfice dans le calcul de ses tarifs, soit à capital réservé, soit à capital aliéné. Faisons comme lui.

Notre système d'investigations se compose de fiches où sont établies, année par année, les évaluations de recettes et de dépenses, d'après le résultat des probabilités de disparitions. Ainsi que tous les chiffres basés sur des hypothèses, les nôtres sont soumis à l'aléa; mais si l'on admet notre théorie, comme s'approchant très sensiblement de la réalité, on doit admettre aussi l'exactitude et la sincérité de nos déductions. Nos calculs ont été résumés dans des tableaux qui, sous une forme simple et accessible à tous, présentent nos résultats avec méthode et, nous croyons pouvoir l'affirmer, avec précision.

Le tableau A montre la situation de l'effectif des participants au 20 décembre 1897, par année de naissance et par année d'admission dans la société : le nombre de 5.543 participants est le point de départ de nos calculs ; son exactitude est absolument incontestable. Au moyen de ce tableau nous avons établi, année par année, le nombre des sociétaires ayant rempli les conditions d'âge et de sociétariat exigées pour l'admission à la retraite. Sa combinaison, avec les diverses tables de mortalité citées précédemment, nous a permis de déduire le nombre probable de décès, sur lequel s'établissent les chapitres « frais de funérailles » et « indemnités de décès ».

Le tableau B présente la classification des ayants-droit aux diverses indemnités. Il montre aussi, année par année, le nombre des sociétaires présumés réguliers, des non-valeurs et, enfin, de ceux qui auront à effectuer le paiement de la cotisation.

Le tableau C indique la valeur actuelle des cotisations des membres participants.

Le tableau D se compose des prévisions de dépenses pour « indemnités de maladie », d' « incurabilité » et d' « accidents », trois sortes de dépenses dont l'évaluation procède de la même base : le nombre présumé des sociétaires ayants-droit. Ces prévisions sont ramenées à leur valeur actuelle, au taux d'escompte de 4 1/2 0/0.

La tableau E donne la prévision de dépenses pour « frais de funérailles », et « indemnités de décès », d'après la liste présumée, selon les tables de mortalité, des membres participants qui termineront leur existence dans l'état de sociétariat régulier.

Le tableau F montre l'état des « pensionnés », sur la base du tiers des ayants-droit et du triple du minimum de pension promis par les sociétés, d'après le décret du 26 avril 1896.

Chacun de ces tableaux contient la notation détaillée de ce qu'il représente ; les colonnes qui les composent sont pourvues de titres, aussi explicites que possible.

Au moyen de ces données, voici l'exposé de la situation financière au 1er janvier 1898.

PASSIF

Valeur actuelle des indemnités de maladies, incurables, accidents . .	1.544.059
— des indemnités de décès . .	408.490
— des frais de funérailles des participants	241.857
— des pensions de retraite. . .	443.700
— des frais de funérailles des pensionnés	118.731
Total du passif. . . .	2.756.837

ACTIF

La valeur des cotisations à recevoir, aussi escomptée à 4 % au 1er Janvier, est de . .		1.630.649
Il en résulte que la société devrait posséder, *en réserves mathématiques*, la somme de. .		1.126.188
Au lieu de cela, l'actif se compose de :		
1° Avoir social au 31 décembre 1897.	753.528	
2° Subvention acquise, reçue en 1898. . . .	10.000	763.528
L'excédent du passif sur l'actif montre un déficit de.		362.660

qui représente 47 % de l'actif.

Il est donc temps d'apporter des remèdes énergiques à cette situation, si l'on veut éviter, à la génération future, la triste obligation de refuser, aux membres fondateurs et à ceux qui les ont suivis, les secours et les avantages sur lesquels ils ont fondé de si légitimes espérances !

C'est ce qui fera l'objet des chapitres suivants.

Proportion de la disparition des Membres participants :

(Nous entendons par disparition, les radiations pour cause de décès, démissions, impayement de cotisations et exclusions.)

Situation au 1er Janvier	Nombre de participants	Total des inscrits	Situations des premiers numéros de chaque année au 1er Janvier								Disparition	
			1891	1892	1893	1894	1895	1896	1897	1898	moyenne % restant au 1er Janvier 1898	moyenne depuis 1891
1880	250	265	62	62	59	56	53	47	43	41	16.40 %	33 % 7 ans
1881	605	707	150	144	139	133	126	113	109	104	17.20 %	31 % »
1882	1.243	1.457	314	302	288	276	263	245	235	227	18.26 %	31 % »
1883	1.993	2.334	512	485	459	442	421	397	381	363	18.71 %	31 % »
1884	2.868	3.449	805	767	719	685	654	620	594	569	19.83 %	30 % »
1885	4.427	5.462	1.365	1.288	1.215	1.153	1.104	1.043	998	956	22.38 %	30 % »
1886	6.133	7.882	2.008	1.888	1.792	1.677	1.602	1.515	1.450	1.385	22.58 %	31 % »
1887	7.390	9.658	2.564	2.402	2.271	2.122	5.032	1.918	1.834	1.751	23.70 %	31 % »
1888	8.160	10.627	2.916	2.726	2.571	2.410	2.296	2.167	2.073	1.981	24.03 %	32 % »
1889	8.887	11.544	3.292	3.069	2.887	2.700	2.565	2.416	2.310	2.208	24.84 %	32 % »
1890	9.260	12.868	3.907	3.602	3.363	3.125	2.961	2.783	2.659	2.538	27.40 %	35 % »
1891	9.714	13.143	4.055	3.745	3.492	3.232	3.060	2.875	2.744	2.619	27. » %	35 % »
1892	10.211	13.999	4.577	4.233	3.935	3.615	3.407	3.197	3.037	2.891	28.31 %	36 % »
1893	10.757	14.985	»	4.819	4.510	4.145	3.878	3.622	3.428	3.257	30.30 %	32 % 6 ans
1894	11.300	15.942	»	»	5.091	4.712	4.411	4.100	3.859	3.659	32.38 %	28 % 5 ans
1895	11.875	16.875	»	»	»	5.288	4.981	4.636	4.327	4.086	34.41 %	23 % 4 ans
1896	12.454	17.805	»	»	»	»	5.560	5.206	4.874	4.564	36.63 %	18 % 3 ans
1897	12.978	18.651	»	»	»	»	»	5.730	5.390	5.044	39. » %	12 % 2 ans
1898	13.491	19.616	»	»	»	»	»	»	5.903	5.544	41. » %	6 % 1 an

Tableau A

Tableau des Membres participants par âge et par année d'entrée dans la Société (au 20 Décembre 1897)

Date de naissance	1879	1880	1881	1882	1883	1884	1885	1886	1887	1888	1889	1890	1891	1892	1893	1894	1895	1896	1897	Totaux
1821							1													1
1822																				
1823							1													1
1824			1			1														2
1825			1				1													2
1826					1			1												2
1827					1															1
1828		1		1				1												3
1829				3	1	1	2													7
1830					1	1	2													4
1831	1		2	2	1	1		1												8
1832		2	1	1		2	2	2												10
1833	1		1	4		4	2	2												14
1834		1	1	1		3	1	1												8
1835	2	2			2	7	3	2												18
1836			1	1	4	2	4													12
1837	2		3	3	2	7	3	1												21
1838		1	2	3	2	2	5	1												16
1839	2	2	6	3	4	2	6	5												29
1840	4	3	8	1	10	8	6	6												40
1841		1	6	1	4	8	6	7												33
1842	2	1	4	3	5	11	11	9	4	1										51
1843	1	2	3	3	8	8	14	7	5	6										67
1844	3	3	3	5	4	13	8	7	4	4	3									57
1845	2	4	4	10	6	15	13	10	6	7	5	2								84
1846	2	4	5	7	11	14	20	10	5	2	5	1	7							93
1847	3	1	8	6	10	12	15	9	7	1	5	4	2	5						88
1848	2	2	1	7	10	18	10	17	11	4	4		6	5	9					106
1849		3	2	8	9	16	16	10	2	5	10	1	3	5	10	6				105
1850	3	7	3	3	9	22	19	12	11	8	7		7	7	3	7	9			137
1851	2	2	11	5	11	15	18	12	8	6	15	1	5	9	7	3	13	8		151
1852	2	2	7	9	6	18	17	17	7	10	12	2	6	6	6	7	9	4	8	155
1853	2	4	7	11	11	24	23	12	6	14	9	1	6	5	9	4	12	8	9	177
1854	2	2	5	4	3	22	19	9	18	12	14	4	8	9	10	7	2	8	5	163
1855	1	6	11	8	9	14	15	17	11	11	12	3	13	18	11	10	2	8	8	188
1856		4	2	9	13	20	22	21	14	17	15	3	15	10	7	5	11	11	5	204
1857	1	1	7	2	13	16	21	23	13	9	12	6	16	17	17	15	8	12	10	219
1858		1	4	3	8	23	22	18	13	10	16	4	11	15	12	18	10	13	11	211
1859		1	3	4	13	18	30	24	20	13	12	4	5	8	18	23	13	12	14	233
1860			3	4	8	11	21	26	9	14	22	6	17	13	20	13	25	13	11	236
1861			2	1	3	8	11	19	14	10	17	8	13	20	18	18	14	20	11	201
1862					3	6	16	15	11	20	23	10	12	17	25	19	20	20	19	245
1863			1			5	8	7	5	9	26	2	23	26	25	19	16	21	20	[illegible]
1864						4	9	13	7	10	27	1	17	23	28	27	30	25	20	[illegible]
1865						4	3	8	12	8	18	3	26	19	26	31	21	23	18	[illegible]
1866							3		2	7	19	4	22	43	37	26	20	24	29	[illegible]
1867								1	2	4	9	7	15	39	26	24	35	24	39	[illegible]
1868						1		1	2	3	4	2	9	15	22	38	35	36	28	[illegible]
1869								3	1	1	2	2	7	9	19	38	32	40	32	[illegible]
1870										1	5	2		8	16	25	37	38	32	[illegible]
1871											2	1		3	10	17	27	37	44	[illegible]
1872													2	6	3	10	23	22	37	[illegible]
1873											1			3	5	5	11	21	28	[illegible]
1874														2	1	4	7	6	26	[illegible]
1875															1	4	8	7	11	[illegible]
1876														1	1		6	6	4	[illegible]
1877																	3	7	8	[illegible]
1878																	2	3	10	[illegible]
1879																		3	1	[illegible]
1880																1			2	[illegible]
1881																				
Totaux	40	63	123	136	206	387	429	366	230	227	330	81	272	366	402	427	478	480	500	[illegible]

Tableau B.

Mouvement de l'Effectif participants, depuis le 1er Janvier 1898, jusqu'à extinction de l'existant à cette époque.

Années 1er Janvier 1	Nombre de participants 2	Taux de répartition 3	Nombre de disparus 4	Non valeurs accidentelles 5	Sociétaires arrivés à la Retraite 6	Coefficient de Survivance 7	Nombre d'ayants droit à la Retraite 8	Pensionnés Le tiers des ayants droit 9	Total par année et ou Nbr de pensionnés 10	Total des non-valeurs 11	Taux de la Mortalité 12 p.1000	Nombre de décédés 13	Démissions Radiations Exclusions 14	Total des non-payants 15	Nombre de cotisations à recevoir 16
1898	5543	6%	333	82	"	"	"	"	"	82	14%	78	255	415	5128
1899	5210	6%	313	70	"	"	"	"	"	70	14%	73	240	383	4827
1900	4897	6%	294	60	18	90.25	16	5	5	65	15%	72	222	369	4538
1901	4603	6%	276	40	25	85.74	21	7	12	52	15%	69	207	328	4275
1902	4327	6%	259	40	52	81.45	41	14	26	66	16%	69	190	325	4002
1903	4068	5%	204	40	70	77. "	54	18	44	84	16%	64	140	288	3780
1904	3864	5%	193	40	99	73.61	72	24	68	108	17%	63	130	301	3563
1905	3671	5%	184	40	178	69.83	125	42	110	150	17%	60	124	334	3337
1906	3487	5%	174	40	218	66.34	146	49	159	199	18%	60	114	373	3114
1907	3313	5%	166	40	196	63.02	120	40	199	239	18%	56	110	405	2908
1908	3147	5%	157	22	148	59.87	89	30	229	251	19%	55	102	408	2739
1909	2990	5%	150	20	168	56.88	93	31	260	280	19%	52	98	430	2560
1910	2840	5%	142	18	185	54.03	100	33	293	311	20%	51	91	453	2387
1911	2698	5%	135	16	134	51.33	68	23	316	332	20%	47	88	467	2231
1912	2563	5%	128	14	218	48.76	100	33	349	363	21%	46	82	491	2072
1913	2435	5%	122	12	236	46.33	106	39	388	400	21%	42	80	522	1913
1914	2313	5%	116	11	248	44.01	108	36	424	435	22%	41	76	551	1762
1915	2197	5%	110	10	277	41.81	112	37	461	471	22%	38	72	581	1616
1916	2087	5%	105	9	301	39.72	120	40	501	510	23%	37	68	615	1472
1917	1982	5%	99	8	290	37.74	110	37	538	546	23%	33	66	645	1337
1918	1883	5%	94	7	337	35.89	119	40	578	585	24%	31	63	679	1204
1919	1789	5%	90	6	213	33.99	71	24	602	608	24%	28	62	698	1091
1920	1699	5%	85	5	241	32.29	77	26	628	633	25%	27	58	718	981
1921	1614	5%	81	4	219	30.68	65	22	650	654	26%	25	56	736	878
1922	1533	5%	77	3	245	29.14	72	24	674	677	26%	23	54	755	778
1923	1456	5%	73	2	225	27.69	60	20	694	696	28%	21	52	770	686
1924	1283	5%	69	1	196	26.30	50	17	711	712	29%	19	50	783	600
1925	1314	5%	66	"	186	24.99	46	15	726	726	30%	18	48	792	522
1926	1248	5%	63	"	164	23.74	40	13	739	739	31%	16	47	802	446
1927	1185	6%	60	"	141	22.55	30	10	749	749	32%	14	46	809	376
1928	1126	5%	56	"	101	21.42	21	7	756	756	33%	12	44	813	312
1929	1069	5%	54	"	76	20.35	15	5	761	761	34%	10	44	813	256
1930	1015	5%	51	"	46	19.33	9	3	764	764	35%	9	42	816	199
1931	964	5%	49	"	31	18.30	6	2	766	766	36%	7	42	815	149
1932	915	5%	46	"	21	17.41	3	1	767	767	37%	6	40	815	100
1933	869	5%	44	"	40	16.58	6	2	769	769	38%	4	40	814	55
1934	825	7%	56	"	"	"	"	"	"	769	50%	3	53	825	0

Tableau C.

Valeur actuelle des cotisations au 1er Janvier 1898.

Années	Nombre de cotisations à recevoir	Montant des cotisations à 36 francs.	Valeur actuelle d'un franc (au 1er Janvier 1898.)	Valeur actuelle des cotisations à 4 ½ %
1898	5128	184.608.	0,956 938	176 658f.41
1899	4827	173.772.	0,915 730	159 128.23
1900	4538	163.368.	0,876 297	143 158.79
1901	4275	153.900.	0,838 561	129 054.53
1902	4002	144.072.	0,802 451	115 610.72
1903	3780	136.080.	0,767 896	104 495.28
1904	3563	128.268.	0,734 829	94 256.34
1905	3337	120.132.	0,703 185	84 475.02
1906	3114	112.104.	0,672 904	75 435.23
1907	2908	104.688.	0,643 928	67 411.53
1908	2739	98.104.	0,616 199	60 451.58
1909	2560	92.160.	0,589 664	54 343.41
1910	2387	85.932.	0,564 272	48 488.02
1911	2231	80.316.	0,539 973	43 368.47
1912	2072	74.592.	0,516 720	38 543.17
1913	1913	68.868.	0,494 469	34 053.09
1914	1762	63.432.	0,473 176	30 014.60
1915	1616	58.176.	0,452 800	26 342.09
1916	1472	52.992.	0,433 302	22 961.53
1917	1337	48.132.	0,414 643	19 957.59
1918	1204	43.344.	0,396 787	17 198.33
1919	1091	39.276.	0,379 701	14 913.13
1920	981	35.316.	0,363 350	12 832.06
1921	878	31.608.	0,347 703	10 990.19
1922	778	28.008.	0,332 731	9 319.12
1923	686	24.696.	0,318 402	7 863.25
1924	600	21.600.	0,304 691	6 581.32
1925	522	18.792.	0,291 571	5 479.20
1926	446	16.056.	0,279 015	4 479.86
1927	376	13.536.	0,267 000	3 614.11
1928	312	11.232.	0,255 502	2 869.79
1929	256	9.216.	0,244 500	2 253.31
1930	199	7.164.	0,233 971	1 676.16
1931	149	5.364.	0,223 896	1 200.97
1932	100	3.600.	0,213 456	768.44
1933	55	1.980.	0,203 432	402.79
1934	0	0.	0	1630.649.56

Tableau D.

Valeur actuelle des Indemnités de maladie, d'incurables et d'accidents corporels.

Années	Nombre d'ayants droit	Moyenne par participant des indemnités pour : Maladie	Incurables	Accidents	Total de ces trois sortes d'indemnités	Valeur actuelle de un franc	Sommes à prévoir	Valeur actuelle au 1er Janvier 1898
1898	5.128	27.30	1.25	» 95	29.60	0,956.938	151.276 f »	144.761 f »
1899	4.827	28. »	1.35	1.10	30.45	0,915.730	147.022 »	134.632 »
1900	4.538	28.70	1.45	1.25	31.40	0,876.297	142.493 »	124.866 »
1901	4.275	29.40	1.55	1.35	32.30	0,838.561	138.083 »	115.791 »
1902	4.002	30.10	1.65	1.45	33.20	0,802.457	132.866 »	106.618 »
1903	3.780	30.80	1.75	1.55	34.10	0,767.896	128.898 »	98.980 »
1904	3.563	31.50	1.85	1.65	35. »	0,734.829	124.705 »	91.636 »
1905	3.337	32.30	1.95	1.75	36. »	0,703.185	120.132 »	84.475 »
1906	3.114	33.10	2. »	1.90	37. »	0,672.904	115.218 »	77.530 »
1907	2.908	33.10	2. »	1.90	37. »	0,649.928	107.596 »	69.284 »
1908	2.739	33.60	1.50	1.90	37. »	0,616.199	101.343 »	62.447 »
1909	2.560	33.70	1.40	1.90	37. »	0,589.664	94.720 »	55.852 »
1910	2.387	33.80	1.30	1.90	37. »	0,564.272	88.319 »	49.836 »
1911	2.231	33.90	1.20	1.90	37. »	0,539.973	82.547 »	44.573 »
1912	2.072	34. »	1.10	1.90	37. »	0,516.720	76.664 »	39.614 »
1913	1.913	34.10	1. »	1.90	37. »	0,494.469	70.781 »	34.999 »
1914	1.762	34.20	» 90	1.90	37. »	0,473.176	65.194 »	30.848 »
1915	1.616	34.30	» 80	1.90	37. »	0,452.800	59.792 »	27.074 »
1916	1.472	34.40	» 70	1.90	37. »	0,433.302	54.464 »	23.599 »
1917	1.337	34.50	» 60	1.90	37. »	0,414.643	49.669 »	20.595 »
1918	1.204	34.60	» 50	1.90	37. »	0,396.787	44.548 »	17.676 »
1919	1.091	34.70	» 40	1.90	37. »	0,379.701	40.367 »	15.327 »
1920	981	34.80	» 30	1.90	37. »	0,363.350	36.297 »	13.189 »
1921	878	34.90	» 20	1.90	37. »	0,347.703	32.486 »	11.295 »
1922	778	34.95	» 15	1.90	37. »	0,332.731	28.786 »	9.578 »
1923	686	35. »	» 10	1.90	37. »	0,348.402	25.382 »	8.843 »
1924	600	35.05	» 05	1.90	37. »	0,304.691	22.200 »	6.764 »
1925	522	35.10	»	1.90	37. »	0,291.571	19.314 »	5.631 »
1926	446	35.10	»	1.90	37. »	0,279.015	16.502 »	4.604 »
1927	376	35.10	»	1.90	37. »	0,267.000	13.912 »	3.716 »
1928	312	35.10	»	1.90	37. »	0,255.502	11.544 »	2.950 »
1929	256	35.10	»	1.90	37. »	0,244.500	9.472 »	2.316 »
1930	199	35.10	»	1.90	37. »	0,233.971	7.363 »	1.723 »
1931	149	35.10	»	1.90	37. »	0,223.896	5.513 »	1.234 »
1932	100	35.10	»	1.90	37. »	0,213.456	3.700 »	790 »
1933	56	35.10	»	1.90	37. »	0,203.432	2.035 »	414 »
1934	»	»	»	»	»	»	—	1.544.059 »

Tableau E.

Valeur actuelle des "frais de funérailles" et "indemnités de décès," au 1er Janvier 1898.

Tableau F.

Valeur actuelle des Pensions au 1er Janvier 1898.

Années 1	Nombre de décès 2	Funérailles. Taux 3	Funérailles. Sommes à prévoir 4	Indemnités de décès. Taux 5	Indemnités de décès. Sommes à prévoir 6	Totaux à prévoir 7	Valeur actuelle de un franc 8	Valeur actuelle au 1er Janvier 1898 9	Nombre de pensionnés 1	Valeur du capital aliéné (1.032) 2	Valeur actuelle au 1er Janvier 1898 3.
1898	78	250	19.500	250	19.500	39.000	0,956.938	37.321	″	″	″
1899	73	250	18.250	250	18.250	36.500	0,915.730	33.424	″	″	″
1900	72	275	19.800	300	21.600	41.400	0,876.297	36.279	5	5.160	4.522
1901	69	275	18.975	300	20.700	39.675	0,838.561	33.270	7	7.224	6.058
1902	69	275	18.975	350	24.150	43.125	0,802.451	34.606	14	14.848	11.915
1903	64	300	19.200	400	25.600	44.800	0,767.896	34.411	18	18.576	14.264
1904	63	300	18.900	450	28.350	47.250	0,734.829	34.719	24	24.768	18.200
1905	60	300	18.000	500	30.000	48.000	0,703.185	33.753	42	48.344	30.479
1906	60	300	18.000	550	33.000	51.000	0,672.904	34.318	49	50.568	34.027
1907	56	300	16.800	550	30.800	47.600	0,643.928	30.651	40	41.280	26.585
1908	55	300	16.500	600	33.000	49.500	0,616.199	30.502	30	30.960	19.078
1909	52	300	15.600	650	33.800	49.400	0,589.664	29.129	31	31.992	18.864
1910	51	300	15.300	650	33.150	48.450	0,564.272	27.339	33	34.056	19.217
1911	47	300	14.100	650	30.550	44.650	0,539.973	24.401	23	23.836	12.866
1912	46	300	13.800	700	32.200	46.000	0,516.720	23.769	33	34.056	17.597
1913	42	300	12.600	700	29.400	42.000	0,494.469	20.768	39	40.248	19.901
1914	41	300	12.300	700	28.700	41.000	0,473.176	19.400	36	37.152	17.579
1915	38	300	11.400	700	26.600	38.000	0,452.800	17.206	37	38.184	17.290
1916	37	300	11.100	700	25.900	37.000	0,433.302	16.032	40	41.280	17.887
1917	33	300	9.900	700	23.100	33.000	0,414.643	13.783	37	38.184	15.833
1918	31	300	9.300	700	21.700	31.000	0,396.787	12.300	40	41.280	16.379
1919	28	300	8.400	700	19.600	28.000	0,379.701	10.632	24	24.768	9.404
1920	27	300	8.100	700	18.900	27.000	0,363.350	9.810	26	26.832	9.749
1921	25	300	7.500	700	17.500	25.000	0,347.703	8.693	22	22.704	7.824
1922	23	300	6.900	700	16.100	23.000	0,332.731	7.653	24	24.768	8.241
1923	21	300	6.300	700	14.700	21.000	0,318.402	6.686	20	20.640	6.572
1924	19	300	5.700	700	13.300	19.000	0,304.691	5.789	17	17.544	5.345
1925	18	300	5.400	700	12.600	18.000	0,291.571	5.249	15	15.480	4.514
1926	16	300	4.800	700	11.200	16.000	0,279.015	4.464	13	13.416	3.743
1927	14	300	4.200	700	9.800	14.000	0,267.000	3.738	10	10.320	2.755
1928	12	300	3.600	700	8.400	12.000	0,255.502	3.067	7	7.224	1.846
1929	10	300	3.000	700	7.000	10.000	0,244.500	2.445	5	5.160	1.162
1930	9	300	2.700	700	6.300	9.000	0,233.971	2.095	3	3.096	724
1931	7	300	2.100	700	4.900	7.000	0,223.896	1.567	2	2.064	462
1932	6	300	1.800	700	4.200	6.000	0,213.456	1.281	1	1.032	220
1933	4	300	1.200	700	2.800	4.000	0,203.432	813	2	2.064	419
1934	3	300	900	700	2.100	3.000	0,194.715	584			
		Valeur de l'indemnité de décès					408.490	650.347	à 1.032f	Total	401.521
		Valeur des frais de funérailles					241.857		à 1.118f	de Capital	443.700

CHAPITRE II

Réforme des Statuts et Règlements.

L'examen des services pécuniaires de la société nous a démontré une progression croissante de chacun d'eux ; le bilan, au 1er janvier 1898, a confirmé nos appréciations, en déterminant l'importance du déficit entre l'actif et le passif, calculés à leur valeur actuelle à cette époque.

Tout bien considéré, la situation, quoique mauvaise, est loin d'être incurable ; il suffit, en effet, de quelques remèdes presque anodins, pour rétablir l'équilibre dans les fonctions, surtout si l'on veut conserver, au corps social, le minimum de productivité qui a servi de base à nos déductions.

Mais, si l'on veut envisager hardiment la possibilité d'augmenter les avantages, en ce qui concerne la retraite, il devient de toute nécessité d'examiner, par réciprocité, la possibilité d'une augmentation des ressources — c'est-à-dire de la cotisation, — ou d'une diminution de certains avantages — ou encore d'une combinaison de ces deux éléments, dans un sens à la fois économique et prévoyant.

Le moment est assurément propice pour procéder à une révision des statuts et règlements : la récente promulgation de la loi relative aux sociétés de secours mutuels, ne nous impose-t-elle pas l'obligation de nous conformer à ses prescriptions, dans un délai de deux ans? C'est aussi ce laps de temps qui nous reste pour créer les services de retraite ;

délai strictement mesuré et qui nous oblige, par sa brièveté, à rechercher des solutions simples et d'une adaptation facile à ce qui existe maintenant.

Nous suivrons, pour cet examen, la même classification que pour notre « *Étude des services pécuniaires* ». Le rapprochement avec les dispositions légales sera ainsi plus commode et, par cela même, plus démonstratif et plus convaincant.

I. — RÉVISION DE L'INDEMNITÉ DE MALADIE

L'article 1er de la loi du 1er avril 1898 est ainsi conçu :

« *Les sociétés de secours mutuels sont des associations de prévoyance qui se proposent d'atteindre un ou plusieurs des buts suivants : assurer à leurs membres participants et à leurs familles des secours en cas de maladie, blessures ou infirmités, leur constituer des pensions de retraites, contracter à leur profit des assurances individuelles ou collectives en cas de vie, de décès ou d'accidents, pourvoir aux frais des funérailles et allouer des secours aux ascendants, aux veufs, veuves ou orphelins des membres participants décédés.*

« *Elles peuvent, en outre, accessoirement, créer au profit de leurs membres des cours professionnels, des offices gratuits de placement et accorder des allocations de chômage, à la condition qu'il soit pourvu à ces trois ordres de dépenses au moyen de cotisations ou de recettes spéciales.* »

La définition donnée, par la loi, aux « *indemnités de maladie* », est aussi claire que concise : « *assurer aux membres participants et à leurs familles des secours en cas de maladie, blessures ou infirmités* » : ce sont des termes précis qui, rapprochés des statuts, délimitent les causes du droit à l'indemnité. L'article 35 de notre règlement a généralisé ces causes et a donné une sanction à leur effet commun, qui est *l'incapacité de travail*. C'est donc l'incapacité de travail, résultant de maladie, blessures ou infirmités, qui donne droit à l'indemnité de maladie. Le droit n'est pas acquis aux indispositions bénignes, ni aux infirmités partielles, qui n'empêchent pas tout travail.

L'on peut se demander si le rigorisme de la définition : *incapacité de travail*, ne crée pas une inégalité dans l'attribution de l'indemnité de maladie. La loi a prévu que des secours pouvaient être accordés en cas de maladie, blessures ou infirmités, mais sans imposer l'obligation de « *complète incapacité de travail* ». Il peut arriver, en effet, que des maladies passagères, ou des infirmités peu graves, n'imposent pas le séjour au logis, mais diminuent sensiblement la valeur productrice du sociétaire, tout en lui occasionnant des dépenses médicales et pharmaceutiques, qui peuvent être très élevées, mais dont il ne reçoit aucune compensation.

En thèse générale, le but principal des sociétés de secours mutuels est de donner les soins du médecin et les médicaments aux membres participants malades ; de leur payer une indemnité pendant la durée de leurs maladies, suivant les conditions et dans les limites fixées par les statuts, et de pourvoir à leurs funérailles. Les médecins et les pharmaciens sont payés directement par les sociétés ; l'indemnité pécuniaire doit être calculée sur les bases d'une *péréquation* exacte, que l'on admet comme pouvant être, quotidiennement, égale à la valeur d'un mois de cotisation. Ainsi une société, qui reçoit une cotisation de 24 fr. par an, peut allouer 2 fr. d'indemnité par jour de maladie ; celle qui reçoit 36 fr. de cotisation peut allouer 3 fr. par jour, etc., c'est là ce qu'on nomme la *péréquation*.

Dans la société de *Protection mutuelle*, il n'en est point

ainsi : le sociétaire malade reçoit une indemnité pécuniaire plus élevée, mais il conserve, à sa charge, les honoraires de médecins et le coût des médicaments. Ce système fonctionne depuis l'origine de la société : c'est par cela même qu'elle s'est distinguée le plus, des sociétés similaires qui existaient alors. L'intention des fondateurs était, manifestement, d'accorder des indemnités en rapport avec le *modus vivendi* du voyageur de commerce. Pour fixer à 8 francs l'indemnité allouée pendant une période de 10 jours, période primordiale au début et secondaire depuis 1888, il a fallu nécessairement que l'on ait, pour objectif, de parer aux dépenses supportées par le voyageur, au cours de son voyage. Il va de soi qu'une société, composée exclusivement de voyageurs comme participants, doit s'efforcer de combler le vide causé à la bourse du malade, tant par les frais médicaux et pharmaceutiques, que par les dépenses d'hôtel, généralement fort élevées. De là, cette détermination d'une période à 8 francs par jour, qui dépasse le double de l'équitable péréquation. On peut affirmer qu'il y a exagération dans ce taux d'indemnité, d'autant plus que la proportion des malades, *à l'hôtel*, n'atteint pas cinq pour cent du nombre des indemnisés pour cause de maladie. Il y aurait utilité à réformer cette disposition réglementaire, de façon à ramener, à un taux plus voisin de la péréquation, l'indemnité allouée aux sociétaires malades chez eux, qui n'ont pas à supporter les dépenses d'hôtel, en vue desquelles cette période d'indemnité a été fixée à un taux si élevé. On pourrait conserver la même échelle d'indemnité, seulement pour les sociétaires malades en dehors de leur domicile, et fixer une somme unique de 4 francs, par exemple, pendant 60 jours, puis 3 francs pendant tout le reste de la maladie, pour ceux qui, malades chez eux, n'ont pas à subir les causes de dépenses dues au déplacement.

Le mot « *indemnité* » signifie : *compensation pécuniaire à celui qui a éprouvé une perte.* Il s'agit donc, en substance, de réparer la perte causée par la maladie, c'est-à-dire de compenser les dépenses qu'elle impose directement; il n'est jamais entré dans l'esprit de personne, de compenser le *manque de gain* causé par l'incapacité de travail. Cela deviendrait inappréciable et, d'ailleurs, la loi exige que l'indemnité *de chômage* soit prévue et compensée par une cotisation spéciale.

Une autre considération, qui n'est pas à dédaigner, c'est que les règlements ont apporté quelque tempérament à la condition, autrefois stricte, de l'admission des seuls voyageurs au titre de participants. L'extension du droit, à la catégorie plus sédentaire des représentants de commerce, a eu pour effet de modifier l'effectif au point de vue professionnel; il serait logique d'apporter, aux règlements, des modifications qui soient le corollaire des facilités plus grandes d'admission. L'essence même de la mutualité, c'est le principe d'égalité dans les droits comme dans les charges. En ce qui touche la répartition des indemnités de maladie, ce principe n'est-il pas faussé ? Pour le redresser, il suffirait de rétablir l'équilibre, soit par le procédé que nous nous sommes permis d'indiquer, soit par tout autre qui atteindrait le même but.

Les causes d'inégalité sont, du reste, assez nombreuses pour que l'on n'y ajoute point par les règlements. Si la morbidité est essentiellement variable dans ses origines naturelles, elle l'est largement aussi, par la volonté même des individus. Tel patient domine le mal par l'énergie de son activité ; tel autre se laisse vaincre et, volontairement ou non, prolonge le plus possible la période indemnisée. Une critique plus approfondie porterait, peut-être, sur la situation d'*emploi productif* abrégeant la morbidité, ou de *disponibilité d'emploi* la prolongeant plus que de raison ; mais ce serait entrer dans les voies d'une suspicion dangereuse ; arrêtons-nous ici.

Comme nous le disions tout à l'heure, le mode de règlement de l'indemnité de maladie, sous une forme exclusivement pécuniaire a été, en quelque sorte, une innovation dans les usages de la mutualité. L'expérience des dix-huit années écoulées doit nous permettre d'apprécier, moralement du moins, les résultats de cette innovation.

Une des conséquences, les plus importantes et les plus directes du système, a été de déplacer la responsabilité du service médical. Lorsque le médecin est imposé et payé par la société, il relève d'elle-même, qui lui doit compte des soins qu'il donne aux sociétaires ; ceux-ci ne constituent, pour lui, que des unités partielles du tout auquel il collabore ; il est, à la fois, le docteur qui traite et le surveillant qui renseigne le conseil d'administration. Par lui, le commencement et la fin de la maladie sont nettement déterminés, en dehors de toute intervention du patient. De là, résultent la garantie des demandes et la sécurité des règlements d'indemnité.

Dans notre système, les choses se passent d'une autre façon. Le service médical est essentiellement facultatif, puisque les sociétaires peuvent choisir leur médecin traitant, non seulement parmi les docteurs correspondants, mais à leur gré, à leur convenance ou à celle de leur famille, en dehors même des médecins désignés à leur attention dans l'annuaire.

Le malade devient ainsi le client du médecin, qui est payé par lui ; cette qualité de client lui confère, bon gré mal gré, certaines prérogatives dont il peut plus facilement se servir pour reculer, quelquefois, les limites de sa guérison. La garantie et la sécurité sont amoindries, quelle que soit, d'ailleurs, la confiance en la probité professionnelle du médecin. La nuance n'est sans doute guère perceptible, mais il en résulte, indubitablement, un certain nombre de journées de maladie au passif de la société, surtout quand le sociétaire malade est sans emploi. Nous n'insisterons pas davantage sur cette question délicate, mais nous appellerons toute l'attention du conseil d'administration sur la nécessité d'un contrôle amical, mais ferme, sur les cas de maladie qui se renouvellent dans des petites localités, dans des villages même, où les relations de médecin à client sont empreintes d'une familiarité, plutôt favorable aux désirs du dernier. Il faut bien le reconnaître, c'est précisément en raison de la dispersion des membres participants, que notre système a été innové ; le mal que nous signalons est la conséquence naturelle de la facilité plus grande, laissée aux malades, pour le choix de leur médecin. Cette facilité présente, à elle seule, un avantage considérable, et n'a pas été étrangère aux progrès du recrutement. Le seul palliatif à l'inconvénient signalé pourrait résider dans la création de « *feuilles de maladie* » qui devraient être signées à chaque visite du médecin ou de visiteurs délégués, et dont le règlement n'aurait lieu, sauf en cas d'urgence, *qu'à la fin de la maladie*. Cette restriction, aux usages actuels, serait légitimée par la nécessité de répression des abus possibles. Ne pourrait-on, pour Paris, créer un comité médical ou désigner un médecin-inspecteur au compte de la société?

Il est aussi, dans le cours de la maladie, un point particulièrement pénible pour le conseil d'administration, mais qu'il faut savoir envisager froidement, sous peine de créer l'inégalité dans la répartition des droits : c'est l'application de l'article 39, aux sociétaires dont l'affection est chronique ou incurable. En étendant à 180 jours le droit à l'indemnité ordinaire de maladie, les statuts sont empreints de libéralisme et de philanthropie; cette limite est suffisamment reculée pour que le diagnostic soit absolument certain. En appliquant l'article 39, le conseil provoque l'action de la famille, dans l'intérêt du sociétaire malade, tandis qu'une temporisation, inutile à ce dernier, est nuisible à la fois à la famille et à la société. Quand les services d'hospitalisation, poursuivis et réclamés par notre Président, seront accordés aux œuvres mutuelles, il y aura lieu de revenir à l'ancien système, qui serait préférable pour le malade même.

En attendant, il ne faut pas oublier que l'article 39 est une soupape de sûreté, qui doit fonctionner au moment voulu, à l'époque déterminée par le règlement, sinon les ressorts d'égalité se trouveraient compromis, sans profit pour personne, souvent même au détriment du sociétaire malade, ainsi que nous l'avons démontré.

En résumé, étant donnée la faible proportion des sociétaires malades en cours de route (environ 5 0/0), nous pensons que l'indemnité de maladie pourrait être fixée, uniformément, à 4 fr. par jour pendant 60 jours et à 3 fr. pendant le reste de la maladie. On ajouterait, pour les sociétaires malades, en dehors de leur résidence habituelle, une indemnité de déplacement de 4 fr. par jour pendant les vingt premiers jours, à partir du sixième. Il est bien rare que l'on reste plus de 25 jours malade hors de chez soi, à moins que ce ne soit à l'hôpital ou dans une maison de santé. On pourrait aussi prendre des arrangements avec quelques maisons de santé et permettre au sociétaire qui s'y ferait soigner, d'opter entre le paiement de l'indemnité de maladie, ou le règlement de ses frais de séjour à la charge de la société, dans des conditions stipulées à l'avance. Ce serait un acheminement vers la pratique de l'hospitalisation, procédé surtout avantageux pour les malades incurables.

Dans un autre ordre d'idées, nous proposons la suppression complète de l'indemnité, pour séjour dans les établissements balnéaires ou thermaux, même lorsque ce moyen thérapeutique est ordonné par le médecin. On ne saurait établir une distinction précise entre l'hydrothérapie préventive, à laquelle le sociétaire se soumet de lui-même, et l'hydrothérapie curative imposée par le médecin. Dans les deux cas, l'incapacité de travail résulte de l'obligation du séjour à la ville d'eaux; cependant il n'échappera à personne que le premier cas ne devrait donner aucun droit à l'indemnité, puisque le séjour est le fait de la volonté propre du sociétaire et non le résultat d'un état pathologique imposant l'incapacité de travail. Dans le second cas, l'hydrothérapie est ordonnée à des malades, dont l'affection est d'une chronicité non douteuse, ou tout au moins sujette à un renouvellement certain. A ce titre seul, le séjour aux villes d'eaux ne devrait pas donner droit à l'indemnité. De nombreux abus ont été signalés; rappelons seulement le cas d'un sociétaire, récemment décédé, qui se vantait, en table d'hôte, de prendre ses vacances aux frais de la société, en faisant payer, chaque année, son séjour à Cauterets ou à Amélie-les-Bains. Il a laissé, en mourant, plus de cent mille francs à des collatéraux; il aurait donc pu séjourner aux eaux sans rien demander à la société; mais sa demande était toujours appuyée du cert''cat réglementaire; l'abus provenait, justement, de la facilité trop grande octroyée par le règlement.

L'économie, résultant de l'application stricte et égalitaire de ces mesures, équivaudrait au moins à un dixième des dépenses causées par le chapitre « indemnités de maladie ». Ce serait une somme, relativement importante, consacrée au soulagement de cette autre affection inévitable : la vieillesse, si pitoyable, quand ceux qui *la subissent* sont dans le dénuement. En obligeant la « mutualité » à faire, pour l'aven'r, une part plus large à la « prévoyance », nous croyons rester dans l'esprit même des statuts, qui avaient prévu ces deux sortes de services, tout en réservant la définition du second pour l'époque de son application pratique. Ce moment approche à grands pas, il n'y a plus à hésiter : en avant ! !

II. — RÉVISION DES FRAIS DE FUNÉRAILLES

Tel qu'il fonctionne, ce service n'a jamais donné lieu à aucune critique. Notre système est libéral, en ce sens qu'il laisse aux familles le soin d'organiser les obsèques à leur gré. Tout ce que l'on pourrait faire, *au point de vue professionnel*, ce serait d'abaisser la limite à 250 fr. pour la participation de la société, et de décider que, sur la demande de la famille, la dépouille mortelle du sociétaire décédé en cours de voyage, en France continentale, serait rapatriée aux frais de la société.

III. — RÉVISION DE L'INDEMNITÉ DE DÉCÈS

Avant d'aborder nos « *conclusions* » sur ce chapitre, il convient de laisser la parole à la loi.

L'article 1er de la loi du 1er avril 1898, dit, à ce propos, que l'un des buts des associations de prévoyance est : « *d'allouer des secours* » aux ascendants, aux veufs, veuves et orphelins des membres participants décédés. »

L'art. 2 est ainsi conçu : *Ne sont pas considérées comme sociétés de secours mutuels les associations qui, tout en organisant, sous un titre quelconque, tout ou partie des services prévus à l'article précédent, créent, au profit de telle ou telle catégorie de leurs membres et au détriment des autres, des avantages particuliers. Les sociétés de secours mutuels sont tenues de garantir à tous leurs membres participants les mêmes avantages, sans autre distinction que celle qui résulte des cotisations fournies et des risques apportés.*

En l'espèce, l'article 45 du règlement expose la société à tomber sous l'application de l'art. 2 précité, car il crée, au profit des sociétaires, mariés ou pères d'enfants de moins de

15 ans, et au détriment des célibataires ou veufs sans enfants, des avantages particuliers.

Ah ! si la retraite n'existait pas, si la société se bornait à des services de mutualité, elle pourrait chaque année épuiser son budget, sans que personne n'y trouvât rien à redire. Mais la retraite approche ; ceux qui ont compté sur elle vont bientôt se montrer et il y en a, parmi eux, qui pourront se prétendre lésés au profit d'autres. Voilà la vérité légale, dans toute sa brutalité.

Nous savons bien que l'article 2 de la loi vise, surtout, une catégorie d'associations qui, sous prétexte de prévoyance, a créé des avantages considérables aux membres fondateurs, au détriment des autres adhérents. Mais le texte d'une loi est applicable à tous les cas similaires qui peuvent se présenter. Quelle serait l'attitude d'un tribunal auquel, la loi en mains, on déférerait notre article 45 ?

Supposons un groupe de veufs ou de célibataires, désireux d'obtenir une augmentation de leur retraite, attaquant la société en nullité de l'article 45, comme entaché d'illégalité. Que leur répondre ? N'est-on pas pénétré d'avance du sentiment de leur droit ?

Eh bien ! c'est ce droit que nous invoquons en ce moment, droit sanctionné par le principe d'égalité, pour proposer l'abrogation pure et simple de l'article 45. N'est-il pas préférable de s'exécuter de bonne grâce, plutôt que de conserver cette menace permanente, comme l'épée de Damoclès ?

En abrogeant l'article 45, nous supprimons du budget une dépense annuelle de 18,000 francs en 1897 et qui ira toujours en augmentant, comme nous l'avons démontré. Nous effaçons du passif un chiffre plus élevé que notre déficit et, par conséquent, d'une situation mauvaise, nous passons à une situation relativement bonne, en ce sens qu'elle nous permet d'accroître la retraite et d'aborder cette question avec beaucoup plus d'ampleur.

Qu'on ne se hâte pas de nous jeter la pierre! Nos intentions sont plus libérales qu'elles ne le paraissent. En faisant disparaître du règlement un article qui prête à l'équivoque et qui est légalement condamné, nous avons le désir de le remplacer par une combinaison, énormément plus avantageuse pour les veuves et pour les familles, et qui donnerait à la solidarité tout son épanouissement.

Tout le monde connait le système des *mutuelles en cas de décès*. Le principe même n'en est pas contestable : seule la mise en pratique présente quelques difficultés.

Ces difficultés d'application sont d'autant plus grandes que le champ d'action est plus restreint ; elles sont presque insurmontables dans un milieu fixe comme l'est, par exemple, la population d'une petite ville, de plusieurs bourgades ou d'un canton. Mais, dans un milieu essentiellement variable, comme la société de protection mutuelle, non seulement l'organisation d'une mutuelle est facile, mais en ce moment, elle s'impose d'elle-même, en raison de la suppression de l'indemnité de décès.

Avant d'aborder cette question, qu'il nous soit permis de réfuter, par avance, les objections que la suppression de l'indemnité de décès ne manquera pas de soulever. Eh quoi ! — dira-t-on — la philanthropie disparait d'entre nous avec ce chapitre, si généreux et si bienfaisant pour les familles de nos camarades défunts.

Certes, il est indéniable que l'article 45 est bienfaisant, philanthropique et généreux ; mais il n'est pas équitable ; cela est établi ; mais il est anti-mutualiste et anti-prévoyant; ce qui est facile à établir.

Les statuts primitifs étaient très-réservés à ce sujet ; un secours *pouvait* être alloué. Plus tard, un changement a été apporté aux statuts et, en dernier lieu, le règlement a encore reculé les limites de l'indemnité de décès, à l'encontre du texte statutaire.

Le texte statutaire, article premier, le voici : « D'attribuer « des indemnités de décès aux veuves et aux enfants des « sociétaires décédés *sans fortune* ».

Vous entendez bien : des sociétaires décédés sans fortune ! saisissez-vous l'euphémisme? On a supprimé l'expression *secours*, qui froisse un peu l'amour propre ; on l'a remplacée par celle-ci : *indemnité de décès*. Mais on a laissé subsister la condition essentielle du droit : décédés sans fortune.. Ce lambeau de phrase résume, à lui seul, l'intention des législateurs : secourir, et non : assurer !

Ah ! si une prime, quelque légère qu'elle soit, s'ajoutait à la cotisation dans ce but spécial, il n'y aurait qu'à s'incliner et à payer l'assurance contractée. Mais la cotisation est déjà insuffisante pour faire face à toutes les obligations primordiales de la société — et dans ces obligations se trouve la retraite ! — et l'on voudrait encore maintenir un chapitre, *inégal* dans les droits qu'il confère et *ruineux* pour la société !

On nous répondra : « C'est pourtant de la bonne prévoyance familiale et, cette prévoyance-là, c'est le devoir du père de famille ».

Oui, parfaitement ; c'est le devoir de l'homme, de prévoir et d'assurer sa famille contre les risques d'une fin prématurée. Mais ce devoir exige un effort d'épargne, un sacrifice personnel, une énergie individuelle et persévérante : ce devoir n'est pas accompli, lorsqu'il repose uniquement sur la philanthropie de ses semblables, lorsqu'il expose la veuve ou les enfants à recevoir un secours, au lieu d'un capital créé par soi-même, ou par l'épargne mutuelle et prévoyante.

Et c'est manquer au devoir, que de compter sur ce secours, sur cette *indemnité de décès*, si vous voulez, alors qu'on n'ignore pas que cette somme, toute modique qu'elle soit, constitue la semence de la récolte promise aux collègues vieillis et dans le dénuement. C'est faucher le blé en herbe et se réserver, pour plus tard, des regrets amers au lieu des ressources attendues vainement.

Allons, citoyens mutualistes ! considérez avec virilité la question qui se pose à vous. Examinez-la sous toutes ses faces et prenez une décision énergique ! Jamais l'occasion n'a été si propice ; jamais, peut-être, elle ne se retrouvera : sachez donc la saisir. Créez, pour vos familles, l'assurance *en cas de décès*, entre vous et dans votre mutualité même, et vous couronnerez ainsi l'édifice si laborieusement élevé.

Foulez aux pieds les difficultés : elles s'aplaniront devant vous, si vous marchez avec ensemble dans cette voie nouvelle.

Envisagez les résultats à obtenir et considérez le but, sans vous arrêter aux aspérités du chemin: Il suffit de deux qualités, qui sont vos qualités maitresses ; ne les reniez pas, mais laissez-vous guider par elles : « Energie et persévérance ! »

En résumé, nous proposons la création d'une *mutuelle d'assurance en cas de décès* entre les sociétaires et sur les bases suivantes :

1° Création d'un groupe de 1.000 adhérents, payant un franc par décès d'un des leurs : ci 1.000 francs à la veuve, ou aux enfants, ou à tout autre bénéficiaire désigné par le sociétaire ;

2° Création d'un groupe de 1.000 adhérents, payant deux francs par décès d'un des leurs : ci 2.000 francs à la veuve, ou aux enfants, ou à tout autre bénéficiaire désigné ;

3° Création d'un groupe de 1.000 adhérents, payant trois francs par décès d'un des leurs : ci 3.000 francs aux destinataires plus haut désignés.

Faculté de cumuler plusieurs séries pour obtenir jusqu'à 6.000 francs.

Coût annuel du premier groupe : 20 francs maximum.
— — du deuxième groupe : 40 — —
— — du troisième groupe : 60 — —

Conditions d'admission et de compensation d'âge à définir, en faisant entrer en ligne de compte l'examen du dossier, au point de vue du certificat de santé et des maladies subies. Prévision de limite d'âge.

Voilà les grandes lignes de notre proposition ; quant aux détails d'organisation, ils seront facilement réalisables avec de la bonne volonté, avec surtout le courage que donne la poursuite d'un tel but.

Objecte-t-on les statuts ? Eh bien, s'ils ne le permettent point, qu'importe ? Organisez quelque chose de parallèle et ouvrez la porte aux membres honoraires, qui entreront nombreux dans une combinaison de ce genre.

A titre transitoire, dans le même ordre d'idées, nous recommanderions un système peu coûteux, fort équitable et qui permettrait de rembourser, à la famille de tout sociétaire défunt, les sommes versées par lui-même comme cotisations. Il suffirait pour cela d'ajouter, à la cotisation annuelle, une somme égale à 1/50ème des cotisations versées. Cette assurance, d'une forme simple, produirait un résultat presque équivalent au tarif de l'article 45, *sans coûter un centime à la caisse sociale.*

Voilà les aperçus que nous a inspirés l'étude du chapitre « Indemnités de Décès ». Nous n'avons plus qu'à conclure ainsi : *Suppression d'une inégalité. Création d'une participation mutuelle, égalitaire et libre, en cas de mort.*

IV. — RÉVISION DE L'INDEMNITÉ D'INCURABLE

Ce chapitre est absolument facultatif; il résulte du 1er § de l'article 39, ainsi conçu :

Lorsque, sur l'avis d'un médecin délégué à cet effet, la maladie est reconnue chronique, c'est-à-dire dont le renouvellement est certain, ou incurable, le conseil d'administration peut allouer une indemnité temporaire et renouvelable, au sociétaire privé de moyens suffisants d'existence.

De là, une cause flagrante d'inégalité dans l'application de cet article. Le conseil, pour allouer cette sorte de secours, se laisse guider par le sentiment, par la pitié même, plutôt que par le droit strict. Aussi, l'on voit des sociétaires ayant cotisé pendant quinze années, recevoir 10 ou 15 fr. par mois, alors que d'autres reçoivent 30 fr. par mois, au bout de trois ou quatre années de sociétariat.

Certes, il serait désirable que la société pût donner des moyens suffisants d'existence à tous ceux que la maladie frappe d'incapacité totale de travail. Mais en présence de la maigre pension qu'elle donnera, ou du moins qu'elle pourrait donner avec les ressources actuelles, il y aurait lieu de prévoir une limite telle, par exemple, que le chiffre de la pension qui pourra être allouée à soixante ans.

D'ailleurs, cette question touche de si près à la « retraite », qu'elle doit nécessairement suivre le sort de cette dernière. Si donc, par des systèmes à étudier, l'on arrive à améliorer la pension de retraite, l'indemnité aux incurables, cette retraite anticipée, devra profiter tout d'abord de l'amélioration obtenue.

Réservons donc cette question, en émettant cependant le vœu que l'article 39 soit appliqué, dès que l'incurabilité de l'affection est *officiellement* constatée. Autrement l'indemnité de maladie ne remplit pas son but, dont elle est parfois détournée, surtout quand le malade est atteint d'aliénation mentale et interné dans une maison de santé. Il n'en est pas mieux soigné et le même résultat serait obtenu, en lui allouant une petite somme destinée à adoucir son séjour. Quant à faciliter l'accès des maisons hospitalières, il faut espérer que les démarches faites dans ce but amèneront une solution favorable au système d'hospitalisation des incurables, bien entendu en cas d'accord avec le sociétaire et avec sa famille.

Signalons, en passant, la nécessité de modifier l'article 40 des statuts et de dire : « Lorsque le sociétaire *est reconnu incurable,* » au lieu de : « Lorsque le sociétaire *touche une pension d'incurable.* » Il arrive en effet, que des sociétaires ayant des moyens suffisants d'existence ne reçoivent pas d'indemnité d'incurable ; cependant ils sont également dispensés de toute cotisation et n'ont plus droit à l'indemnité de maladie. Cette question a donné lieu souvent à une équivoque, que l'on peut aisément éviter dans l'avenir par cette simple modification.

V. — RÉVISION DE L'INDEMNITÉ D'ACCIDENT

Depuis que l'article 42 a été inséré dans les statuts, les instruments de sport se sont multipliés, ajoutant de nombreuses causes de risques à celles qui ont été, de tout temps, l'apanage obligatoire du voyageur de commerce. La bicyclette et l'automobile n'ont pas dit leur dernier mot ; leur usage va se répandant de plus en plus dans notre corporation. Lorsque ces moyens de transport seront à bon marché, nul doute qu'ils ne deviennent très fréquents parmi nous. De là, une cause d'augmentation de la dépense moyenne pour ce chapitre, qui avait atteint 0 fr. 95 par tête de participant, en 1897.

Mais, avant de toucher à cet article, ne convient-il pas d'en faire une plus longue expérience ? Quoi de plus aléatoire que l'accident en lui-même ? L'établissement d'une moyenne, propre à cette indemnité, demande une période très longue, d'au moins vingt ans encore. Tout ce qu'on pourrait faire, en révisant les statuts et règlements, ce serait de limiter à « l'*exercice de la profession* » le droit fixé par l'article 42. Il y aurait lieu également de déterminer le § 1er et de décider s'il remplace, en cas de décès, l'indemnité du chapitre XI article 45. Au surplus, si l'indemnité de décès était supprimée, il n'y aurait pas lieu de créer la distinction à laquelle nous faisons allusion.

Compléter l'art. 43 par le mot « *unique* » avant celui de « *soutien.* »

CHAPITRE III

Projet d'organisation de la caisse de retraites.

Nous voici arrivés à la partie la plus délicate et la plus ardue de cette étude. Jusqu'ici, nous n'avons fait qu'indiquer les parties de l'édifice susceptibles d'un allègement, voire même d'une suppression totale. Maintenant qu'il s'agit d'édifier, nous éprouvons des scrupules qui nous feraient déposer la plume, si nous n'avions la conviction absolue de travailler dans l'intérêt général de ceux qui composent aujourd'hui la société, comme de ceux qui leur succèderont, après disparition des générations successives, sous l'inexorable loi du destin.

D'ailleurs, nous n'avons pas à édifier ; nous n'oublions nullement que ce rôle appartient au conseil d'administration, éclairé par la commission d'abord ; à l'assemblée générale ensuite. Comme un architecte, qui calcule la résistance des matériaux qu'il projette d'employer, nous devons aussi nous rendre compte, par les données de l'expérience et par les moyennes acquises, de ce qu'il faut ajouter aux fondations de l'édifice, pour le rendre capable de supporter les charges nouvelles qui vont lui incomber. Nous nous bornerons donc à établir nos calculs, trop heureux si nous parvenons à en démontrer la sincérité et à faire pénétrer, dans les esprits, la conviction de leur exactitude.

Toutefois, nous aurons à tenir compte, dans nos évaluations, des éléments nouveaux fournis par la loi du 1er avril dernier, qui laissent beaucoup plus de facilités aux sociétés, pour la disposition de l'intérêt du fonds commun. Réaliser de ce fait un pour cent d'intérêt en plus, sans immobilisation individuelle des capitaux affectés à la retraite, c'est une mesure dont nous devons profiter et faire profiter nos futurs pensionnés, et qui élargit fort sensiblement nos premières prévisions.

L'article 23 de la loi du 1er avril 1898 est ainsi conçu :

Les pensions de retraites, alimentées par le fonds commun, sont constituées à capital réservé au profit de la société. Elles sont servies directement par la société, à l'aide des intérêts de ce fonds, ou par l'intermédiaire de la caisse nationale des retraites.

Cet article modifie complètement nos appréciations au sujet de la caisse de retraites. Mieux que cela, il nous permet de les orienter de telle façon, que les fonds déposés à la « caisse de retraites » ne soient plus considérés par nous que comme fonds de garantie des pensions, servies directement par la société, tant à l'aide des intérêts de ce fonds que par des prélèvements sur les ressources ordinaires, *suffisamment augmentées.*

Au fur et à mesure que nous développions les divers chapitres de cette longue étude, pénétrait dans notre esprit la conviction d'une impossibilité matérielle absolue, de donner une pension appréciable produite exclusivement par la *capitalisation.* Les générations se succéderaient pendant des siècles, avant que les capitaux accumulés par l'épargne des disparus, pussent produire une somme d'intérêt suffisante pour créer même de modiques ressources, aux vieillards et aux incurables. D'ailleurs, dans l'ensemble des sociétés mutualistes, ces capitaux devraient atteindre une importance considérable, qui amènerait fatalement de nouvelles baisses du taux de l'intérêt. En outre, il ne faut pas oublier que la garantie, par l'État, du maintien du 4 1/2

p. 100 aux sociétés approuvées, est d'une grande précarité et qu'il serait dangereux de s'y reposer pour un avenir lointain. A quoi bon, alors, thésauriser toujours, si les trésors amoncelés doivent amener la diminution graduelle du taux de l'intérêt, cause fondamentale de la capitalisation ? N'est-ce point se condamner à une tâche sans fin, véritable tonneau des Danaïdes? N'est-il pas plus fraternel de considérer la mutualité uniquement et d'étendre ses services à la prévoyance même, en servant directement, sous le titre de *pensions de retraite*, la plus large part possible de *secours* aux sociétaires ayant atteint l'âge requis ?

Dans les sociétés qui ont la retraite pour unique but, l'on conçoit que le législateur ait imposé l'obligation de garanties financières, qui soient à la fois le gage et la sécurité des membres participants. Ces derniers, en effet, sont des capitalistes dans le sens absolu du mot ; ils placent de l'argent pour obtenir, à un moment donné, une rente calculée à l'avance, selon leurs versements.

En est-il de même dans une société comme la nôtre, où la part de la prévoyance ne se compose que des excédents, non employés par les services pécuniaires de la mutualité, lesquels sont annuellement de 42 fr. alors que la cotisation n'est que de 36 fr. ? On conviendra aisément qu'il n'est guère possible d'improviser des capitalistes dans ces conditions : c'est du reste ce que nous avons amplement démontré dans un opuscule paru en mars dernier.

Il est donc évident que notre société ne peut créer que des pensions très modiques, si elles ne doivent être que le produit des capitaux déposés à la caisse des retraites pour la vieillesse. Cependant, elle doit garantir, à tous ses membres, le paiement de ses diverses obligations envers eux ; elle ne peut le faire qu'en proportionnant ses engagements à l'importance de ses réserves mathématiques, de telle sorte que chaque génération profite, intégralement, de toute sa production financière.

La « Protection mutuelle », en tant que personnalité civile et morale, est un corps social abstrait, dont la perpétuité s'impose ; elle doit non seulement se maintenir, mais se développer à travers les âges, autant du moins qu'elle pourra remplir toutes ses obligations envers ceux qui la composent. Plus elle inspirera de confiance et de sécurité, plus elle attirera, dans son sein, les membres de la corporation à laquelle elle est spécialement destinée. L'on ne saurait donc envisager d'autre limite, à l'existence de la société, que la suppression même de la profession de voyageur de commerce. L'on peut admettre des transformations, comme il s'en est produit depuis un demi-siècle; mais il est rationnel de croire qu'il faudra, de tout temps, des professionnels du voyage commercial. L'extension aux représentants de commerce, du droit à l'admission, augmente cette assurance. Donc, la certitude d'une durée indéfinie est une cause de confiance et de sécurité pour les adhérents nouveaux, qui trouveront à leur tour, dans notre société, peut-être plus prospère encore, les éléments d'assistance mutuelle, dont auront profité les générations précédentes. Et si l'obligation de capitaliser disparait, l'emploi de la majeure partie des excédents de recettes permettra de donner beaucoup d'extension à la pension de retraite.

Un exemple fera mieux comprendre la valeur de notre argumentation. Supposons qu'à un moment donné, dans une vingtaine d'années, par exemple, nous ayons à faire servir 500 pensions de 360 fr. chacune, par la caisse nationale des retraites pour la vieillesse. Au tarif 3 1/2 0/0 CR, il nous faudrait immobiliser une somme de 5.142.856 fr. à capital réservé, afin de ne pas amoindrir le fonds commun. L'énormité de cette somme nous met en face d'une impossibilité évidente : nous devons renoncer à ce système.

Mais si, continuant à augmenter notre fonds de garantie dans des proportions telles, qu'il atteigne deux millions dans vingt ans d'ici, ce qui n'est pas exagéré, nous recevrions de ce fonds un intérêt annuel de 90.000 fr. et nous n'aurions plus à prélever, sur les ressources ordinaires, qu'une somme de 90.000 fr., nécessaire pour parfaire le service de 500 pensions à 360 fr., soit : 180.000 fr.

Que faudrait-il pour cela? Le résultat de la division de 90.000 par 6.000, nombre des sociétaires, l'indique d'une façon précise. Il faudrait augmenter la cotisation de 15 fr. par tête, tout simplement. Est-ce donc exagéré en présence du résultat ? Quinze francs par an, pendant trente ans, cela fait 450 fr., et, grâce à cette légère augmentation, l'on s'assure un franc de rente par jour! Qui donc hésiterait devant une démonstration aussi simple?

Mais, ne sortons pas du cadre de notre étude et limitons le champ de nos investigations à l'effectif existant au 1er janvier 1898, dont le nombre a servi à établir nos prévisions de recettes et de dépenses, ramenées à leur valeur actuelle à la même époque.

D'abord, une première question s'impose : le chiffre de la pension doit-il être accordé *également* à tous les retraités indistinctement ? Poser la question, c'est la résoudre; la réponse est forcément négative. Ce serait s'engager dans les voies de l'erreur, que d'accorder indifféremment le même chiffre de pension à tous les ayants-droit, quelque soit leur âge et quelque soit le nombre de leurs années de sociétariat. Nous estimons, au contraire, qu'il est de toute équité de proportionner la pension de retraite, selon deux bases essentielles d'évaluation, qui sont : 1° : l'âge d'entrée en jouissance ; 2° : la durée effective de sociétariat.

Sur le nouveau terrain où la loi nous permet de prendre position, nous ne considérerons plus la *capitalisation* qu'au point de vue spécial du fonds de garantie. De là, une facilité d'appréciation d'autant plus large, que l'époque envisagée pour l'entrée en jouissance sera reculée davantage. Il est évident, en effet, que le retard volontaire, apporté par le sociétaire à sa mise à la retraite, doit lui être compensé par une augmentation de sa pension. Deux sociétaires, ayant des droits identiques à 55 ans d'âge et vingt années de sociétariat, si l'un d'eux ne veut devenir pensionné que plus tard, sa pension doit être augmentée en raison du retard, pendant lequel la mortalité accomplit son œuvre, libérant la société vis-à-vis d'un certain nombre, vu l'âge avancé et l'usure corporelle inhérente à la profession.

Un point reste à élucider; point important s'il en fût dans une étude de ce genre : c'est celui de la longévité des sociétaires. On conçoit que nous ne puissions déduire cette longévité de la période écoulée, beaucoup trop restreinte pour une moyenne quelque peu précise. Aussi prenons-nous comme base de longévité pour nos sociétaires, la moyenne d'âge de décès des membres pensionnés des sociétés de secours mutuels. Cette moyenne, établie sur un grand nombre et pendant une période de dix années consécutives, limite la longévité à l'âge de 73 ans. Nous pouvons donc considérer que les pensionnés, à l'âge de 55 ans, jouiront de leur retraite pendant une durée moyenne de 18 ans. En créant deux autres catégories de pensionnés, nous aurions la seconde à 61 ans et la troisième à 67 ans, c'est-à-dire à des intervalles égaux, de 6 ans chacun.

Un autre point demeure obscur : c'est d'apprécier le nombre des sociétaires qui renonceront, bénévolement, à l'exercice de la retraite. Cela ne dépend que de la volonté individuelle et ne saurait s'évaluer mathématiquement. Tout ce que l'on peut faire, pour déterminer le nombre probable des pensionnés, c'est de considérer les résultats acquis dans d'autres sociétés. Nous avons essayé d'établir une comparaison, entre les sociétés parisiennes payant plus de 200 fr. de pension.

NOMS DES SOCIÉTÉS	Montant de la pension	EFFECTIFS		Années d'approbation	Nombre de pensionnés	Proportion de pensionnés
		d'honoraires	participants			
	francs					
L'Amicale Prévoyante	221	6	110	1881	13	12 %
La Prévoyance (maritime). . . .	223	41	164	1865	5	3 %
La Bienfaisante Israélite	206	428	1104	1854	8	0.74 %
Les charmes de la bienfaisance .	200	»	114	1886	4	4 %
Ouvriers de la maison Charnilet.	200	4	40	1863	2	5 %
Cochers de maisons bourgeoises.	306	926	1148	1866	46	4 %
Cuisiniers de Paris.	214	103	2190	1856	187	9 %
Garçons de restaurant (l'Etoile) .	240	352	1682	1865	111	7 %
Gens de maisons	211	403	1049	1854	18	2 %
Employés greffe Tribunal Com. .	300	41	83	1858	6	8 %
Institutrices laïques libres . . .	285	219	83	1884	13	15 %
Lithographes	200	2	230	1875	10	5 %
Médecins de France	620	»	8370	1858	83	1 %
La Persévérance.	200	6	196	1883	9	5 %
Le Soulagement.	200	»	122	1865	5	4 %
Typobibligraphique	200	»	179	1866	9	5 %
Les vrais Amis n° 46	200	»	140	1884	8	6 %

La moyenne fournie par ce tableau est de 5.60 pensionnés pour cent participants actuels. Evidemment, nous ne pouvons tirer d'enseignement pratique de ce tableau. Il faudrait établir, avec les nôtres, un rapprochement des statuts de chacune de ces sociétés, pour en déduire un point de comparaison à peu près certain.

Nous avons en outre, procédé à un examen très minutieux du fonctionnement de la pension de retraite dans une société similaire à la nôtre, l'Association du boulevard Sébastopol, et nous avons acquis la certitude que la proportion, entre le nombre des participants des années 1872 à 1878 et celui des années correspondantes de 1892 à 1898, atteint 15 0/0, proportion qui semble devoir s'élever à 18 ou 20 0/0 d'ici à une quinzaine d'années, époque probable où le service de la retraite aura atteint son niveau chez nos voisins. D'autres sociétés, composées de membres sédentaires, évoluent autour de 20 0/0 du nombre initial et dépassent même ce taux.

Nous pouvons donc, faisant ainsi une large part à toutes les éventualités, fixer à 20 p. 100 du nombre existant au 1er janvier 1898, celui des participants qui demanderont la pension de retraite et seront déclarés aptes à l'obtenir; car il ne faut pas perdre de vue que les pensions devront être accordées par l'assemblée générale. N'est-ce pas une garantie suffisante contre tout abus ?

Nous allons procéder à de nouvelles évaluations en prenant, pour base de nos calculs, 20 p. 100 du nombre des participants au 1er janvier 1898. Nous arriverons ainsi à établir la différence entre notre actif à cette époque et le passif créé par nos pensions de retraite. C'est cette différence qui devra être comblée par l'augmentation du taux de la cotisation.

Mais il faut tout d'abord, déterminer l'importance de la pension aux âges indiqués : 55, 61 et 67 ans. L'égalité dans les droits, comme dans les charges, étant une condition essentielle de la mutualité, c'est ce que nous nous efforçons d'obtenir par notre combinaison. Pour la sauvegarde de ce principe, il y aura lieu de fixer un système de compensation à supporter par les pensionnés des dix premières années, qui n'auront à payer l'augmentation de cotisation à prévoir, que pendant une période trop réduite. Ce sera d'ailleurs facile; et l'on ne peut voir là qu'une question résolue à l'avance.

Il convient, par conséquent, de fixer le chiffre de la pension à l'âge de 55 ans. Nous avons pour cela toute latitude, puisque de ce chiffre découleront ceux des âges plus avancés, et puisque le total des pensions à payer, selon ces divers tarifs, nous donnera, par une simple opération arithmétique, le chiffre de la cotisation nécessaire pour y faire face.

Nous estimons que le chiffre de 150 francs donnerait satisfaction, tout en conservant le prestige de la société, qui serait amoindri par l'offre d'une pension dérisoire.

L'âge de 73 ans étant admis comme longévité moyenne, le pensionné de 55 ans aurait à recevoir de la société, pendant 18 ans, 150 francs par an, soit : 2,700 francs.

Le pensionné de 61 ans devrait équitablement recevoir la même somme, accrue des pensions non réclamées pour cause de décès et des intérêts produits, par les pensions qu'il n'aurait pas touchées, pendant les six années de retard à l'exercice de son droit. Si, à 2, 700, l'on ajoute 180 francs d'accroissement et d'intérêts, on obtient un total de 2,880 que le pensionné à 61 ans devrait recevoir pendant les 12 années d'existence moyenne probable, qui le conduisent au même point de longévité. Il recevrait donc par an : $\frac{2880}{12} =$ 240 francs.

La même démonstration, pour le pensionné de 67 ans, nous conduit à élever à 3,000 francs la somme à répartir pour une durée moyenne d'existence de 6 ans, aboutissant au même point final moyen, et nous obtenons : $\frac{3000}{6} =$500 f.

Le tarif des pensions à payer directement par la caisse sociale serait donc de :

150 fr. à 55 ans et 20 ans de sociétariat
240 fr. à 61 ans et 26 ans —
500 fr. à 67 ans et 32 ans —

Les âges intermédiaires donneraient droit au prorata du nombre d'années à courir et selon l'aperçu qui suit :

à 55 ans	et après	20	années de sociétariat	150 fr.	de pension
à 56	—	21	—	160 fr.	—
à 57	—	22	—	170 fr.	—
à 58	—	23	—	180 fr.	—
à 59	—	24	—	200 fr.	—
à 60	—	25	—	220 fr.	—

à 61 ans	et après	26	années de sociétariat	240 fr.	de pension
à 62	—	27	—	260 fr.	—
à 63	—	28	—	290 fr.	—
à 64	—	29	—	320 fr.	—
à 65	—	30	—	360 fr.	—
à 66	—	31	—	420 fr.	—
à 67	—	32	—	500 fr.	—

Tout en conservant l'âge de 55 ans comme limite minimum d'admission à la retraite, on pourrait combiner une bonification proportionnelle à la durée du sociétariat, pour ceux qui auront été participants réguliers pendant plus de vingt ans.

Nous avons, par suite, à établir le nombre probable des pensionnés, d'après celui des participants au 1er janvier 1898 : 5.543, diminué de 43, nombre des incurables inscrits comme non-valeurs. C'est donc sur 5.500 que nous devons nous baser, pour fixer celui des pensionnés probables ; nous obtiendrons ce dernier, en prenant 20 0/0 de 5.500, ce qui donne 1.100. Ce nombre soulèvera des critiques, certainement ; les uns le trouveront trop élevé, d'autres trop réduit : le temps seul pourra le sanctionner d'une façon définitive.

Comment ce nombre se répartira-t-il dans les trois catégories de pensionnés ? C'est encore ce que seul l'avenir répondra, car avec la meilleure volonté du monde, il nous est impossible d'émettre la plus simple hypothèse à cet égard.

Au surplus, nous pouvons nous dispenser de supputer une telle répartition ; n'avons-nous pas, dans les sommes totales à payer aux pensionnés, des chiffres suffisamment rapprochés l'un de l'autre pour que le chiffre moyen, 2.880 fr., soit considéré lui-même comme étant la moyenne du montant individuel à payer à chaque pensionné ?

En adoptant cette moyenne, nous aurions à prévoir pour pensions de retraite, une dépense de 2.880 × 1.100, soit 3.168.000 fr., somme payable à des échéances diverses, dont la moyenne sera en 1921, comme le démontre le diagramme annexé à cette brochure, lequel est établi d'après les données développées précédemment.

La valeur actuelle d'un franc, payable en 1921, étant de 0.347.703, celle de 3.168.000 fr. est de 1.101.523 fr.

D'ailleurs, ces données sont pleinement justifiées par le tableau ci-dessous, calculé sur la base de neuf ans de retard sur l'époque d'entrée en jouissance, le paiement de la pension devant s'effectuer pendant une moyenne de 18 années, de 55 à 73 ans, ainsi que nous l'avons démontré au cours de ce chapitre.

ANNÉES d'entrée en jouissance	ANNÉE moyenne des payements de la pension	NOMBRE présumé des pensionnés	MONTANT des pensions à payer	Valeur actuelle d'un franc	Valeur actuelle des pensions à payer
			francs		francs
1900	1908	10	28.800	0.616199	17.747
1901	1909	10	28.800	0.589664	16.982
1902	1910	20	57.600	0.564272	32.502
1903	1911	30	86.400	0.530973	46.054
1904	1912	40	115.200	0.516720	59.256
1905	1913	70	201.600	0.494469	99.685
1906	1914	70	201.600	0.473176	95.392
1907	1915	60	172.800	0.452800	78.244
1908	1916	40	115.200	0.433302	49.916
1909	1917	40	115.200	0.414643	47.767
1910	1918	50	144.000	0.396787	57.137
1911	1919	30	86.400	0.379701	32.806
1912	1920	50	144.000	0.363350	52.322
1913	1921	50	144.000	0.347703	50.069
1914	1922	50	144 000	0.332731	47.913
1915	1923	50	144.000	0.318402	45.850
1916	1924	60	172.800	0.304691	52.651
1917	1925	50	144.000	0.291571	41.986
1918	1926	60	172.800	0.279015	48.214
1919	1927	30	86.400	0.267000	23.069
1920	1928	40	115.200	0.255502	29.434
1921	1929	30	86.400	0.244500	21.125
1922	1930	30	86.400	0.233971	20.215
1923	de 1931 à 1951	130	374.400	0.092379	34.587
Valeur actuelle des pensions, au 1er Janvier 1898.......					1.101.523

Voilà donc, esquissées largement, les principales lignes de notre projet; nous possédons, maintenant, tous les éléments qui doivent servir à évaluer nos dépenses, nous pouvons établir le passif social au 1er janvier 1898, en admettant la suppression de l'indemnité de décès et la création des catégories de pensionnés à 150 fr. depuis 55 ans, 240 fr. à 61 ans, et 500 fr. à 67 ans.

Quant à des réductions sur l'indemnité de maladie, tout en tenant compte, *réglementairement*, des observations présentées, nous n'insistons pas pour provoquer des modifications statutaires en ce moment, car nous prévoyons qu'elles seraient mal accueillies et jetteraient la défaveur sur la société, si la proposition en était faite en même temps que celles de supprimer l'indemnité de décès et d'augmenter la cotisation. Il serait possible, cependant, de combiner une certaine diminution sur l'indemnité de maladie avec la conservation, dans les statuts et règlements, de la faculté d'allouer des *secours immédiats* aux veuves et orphelins laissés dans le dénuement.

D'un autre côté, si nous nous reportons à ce que nous disions au sujet de l'indemnité d'incurables, ces derniers doivent trouver des avantages certains dans l'augmentation de la cotisation, qui permet de créer des pensions à ceux qui ont l'âge voulu par les règlements. Il est équitable que les incurables en profitent également, eux qui sont atteints d'incapacité permanente de travail, avant que l'âge n'ait consacré leurs droits. Le conseil s'en inspirera libéralement lorsque l'augmentation des cotisations sera un fait accompli.

Sur ces bases, nous allons établir le bilan nouveau, au 1er janvier 1898. Nous conservons cette date comme point fixe pour les calculs de la valeur actuelle. Mais plus nous nous en éloignerons, plus s'élargira l'écart entre notre théorie et la réalité, tant que les cotisations seront au taux actuel et non au taux de nos évaluations d'avenir.

BILAN AU 1ER JANVIER 1898

(APRÈS RÉFORMES)

PASSIF

Valeur actuelle des indemnités pour maladie, incurabilité et accidents.	Fr.	1.544.059
Valeur actuelle des frais de funérailles 241.857 + 118.731 = ...	Fr.	360.588
Valeur actuelle des pensions de retraite, à servir par la Société.	Fr.	1.101.523
Total du passif. . . .	Fr.	3.006.170

ACTIF

Capital social au 31 décembre 1897 =	753.528	
Subvention reçue en 1898, acquise par notre versement en 1897 . .	10.000	
Valeur actuelle des cotisations (à **36** fr.) des membres participants	1.630.649	2.394.177
DÉFICIT à couvrir par une augmentation de cotisations. . . . . Fr.		611.993

CONCLUSION

D'où cette donnée:

$$1.630.649 : 36 :: 611.993 : x$$

Solution: $x = 13.50$, à ajouter aux 36 fr. 50, cotisation actuelle, ce qui élève à **50** francs le montant de la cotisation, nécessaire pour amener ces résultats.

Est-ce à dire que cette solution soit intangible et que les éléments qui l'ont provoquée ne puissent varier? Tel n'est pas notre prétention, car il ne faut pas perdre de vue que cette démonstration, établie sur un système de probabilités, dont l'expérience des dernières années fournit la base, peut varier sous des influences diverses. D'ailleurs, l'article 23 de la loi du 1er avril 1898 laisse, aux sociétés, le soin de déterminer les conditions statutaires exigibles pour obtenir la pension de retraite, à laquelle on pourrait, provisoirement, conserver le caractère de la *variabilité*.

On objectera que l'article 28 de la loi supprime les subventions et les bonifications d'intérêt aux sociétés qui donnent plus de 360 fr. de pension à leurs membres. Nous répondons à cela, qu'avant l'expiration des douze années qui doivent s'écouler, pour que le taux de 500 fr. de pension soit alloué, l'article 28 sera certainement supprimé, battu en brèche par la mutualité, pour laquelle il est une menace et un défi. Déjà le second paragraphe a soulevé, notamment au congrès de Reims, des tempêtes de plaintes et de récriminations; le premier ne vaut guère mieux; il n'a pas de raison d'être, dans une nation qui doit protéger la mutualité et non l'opprimer. Et puis, les lois ont des interprétations diverses qu'il faut envisager hardiment, quand on a la conscience de faire le bien, tout le bien possible.

Les avantages dont profitent les membres participants, étant supérieurs à ceux que donnera la pension de retraite, il est certain que ceux, qui pourront travailler, resteront dans la situation d'activité participante, plutôt que de demander leur mise à la retraite.

On pourrait provoquer le choix du sociétaire, au moment de son arrivée à l'âge fixé, entre l'une ou l'autre catégorie. Ce sont là, du reste, des questions de détail, qui trouveront leur solution dans le règlement.

Si la cotisation était fixée à 50 fr., le recouvrement pourrait s'en faire par trimestre. On paierait même plus facilement

12 fr. 50, qu'en ce moment 18 fr. 25, et la répétition des quittances à payer maintiendrait en haleine beaucoup de sociétaires qui oublient la société, plus ou moins volontairement. *Cinquante francs par an! pas même quatorze centimes par jour!* Est-ce exagéré pour une corporation comme la nôtre, où la moyenne des salaires permet largement cette modique épargne, facile à prélever sur des dépenses superflues beaucoup plus élevées?

N'est-ce pas en mutualité surtout que l'on peut dire, à juste titre : « *un sou économisé est un sou gagné* », puisque cette épargne, destinée au soulagement d'autrui, on la retrouvera au centuple, le jour où l'on en aura besoin soi-même?

Il y aura lieu d'établir, tous les ans, un parallèle entre la situation prévue par nos calculs et celle que les évènements auront produite. En outre, il sera utile et prudent de faire, *tous les cinq ans*, un bilan général de la société, soit d'après notre « *méthode expérimentale* » si l'avenir lui donne des garanties d'exactitude, soit d'après les méthodes, plus sûres mais assurément plus compliquées, de l'Institut des actuaires français.

En terminant, nous provoquons les objections, les observations et les demandes d'explications; nous nous efforcerons d'y répondre et de prouver ainsi notre sincère et profond attachement à l'œuvre, dont le succès et la prospérité sont le but de nos constants efforts.

L'Agent général,

HÉBERT.

TABLE DES MATIERES

CHAPITRE I.

CHAPITRE II.

CHAPITRE III.

Diagramme

pour démontrer l'époque moyenne du paiement des pensions de retraite.

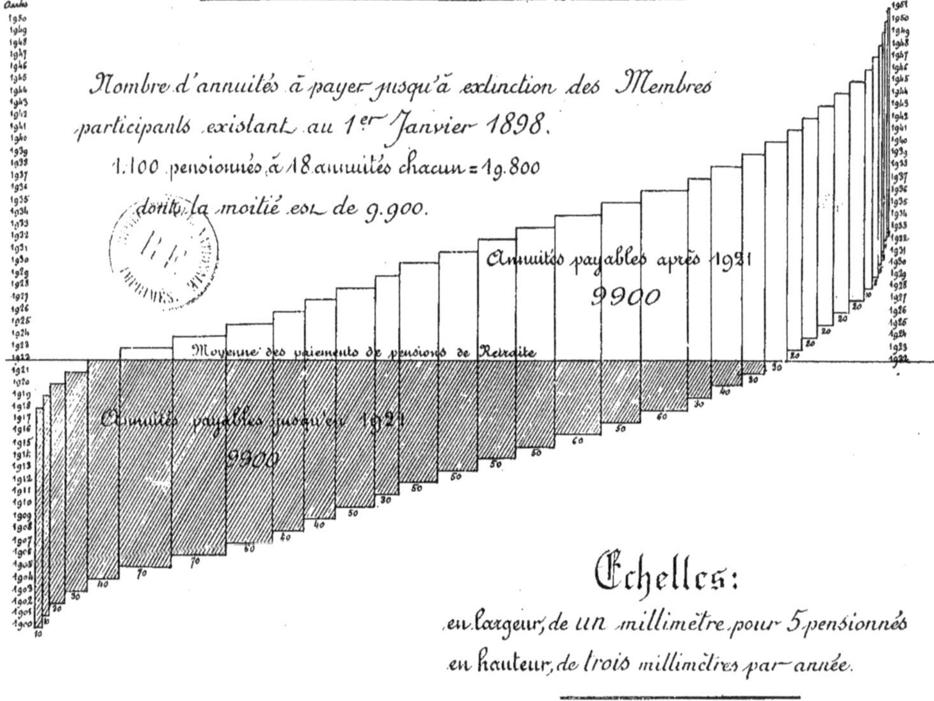

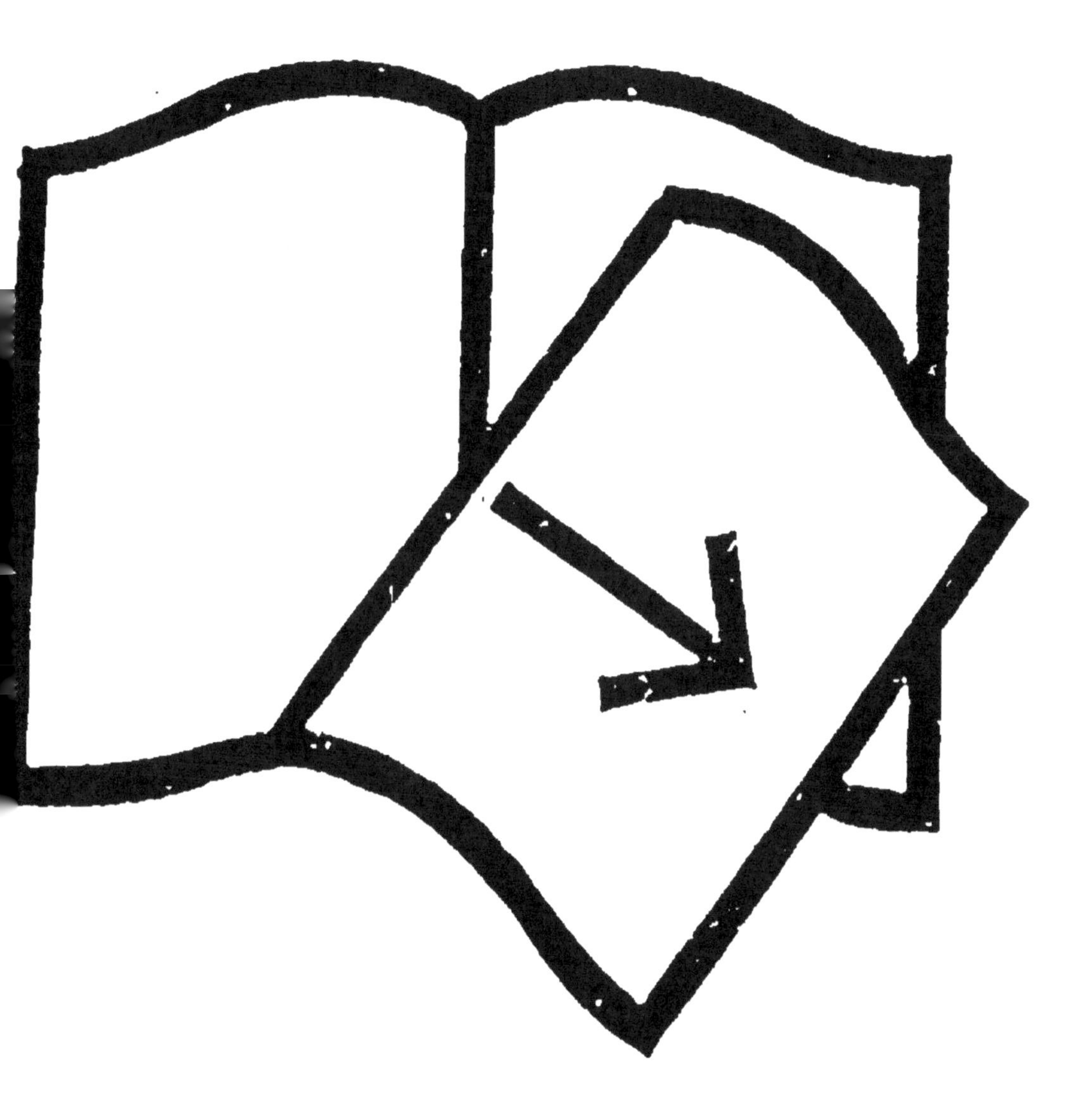

Documents manquants (pages, cahiers...)

NF Z 43-120-13